漫畫 從厭世王到人氣王，巧妙收服人心的

暗黑心理學

マンガ 悪用禁止！裏心理学

齊藤勇●監修
卓惠娟●譯者

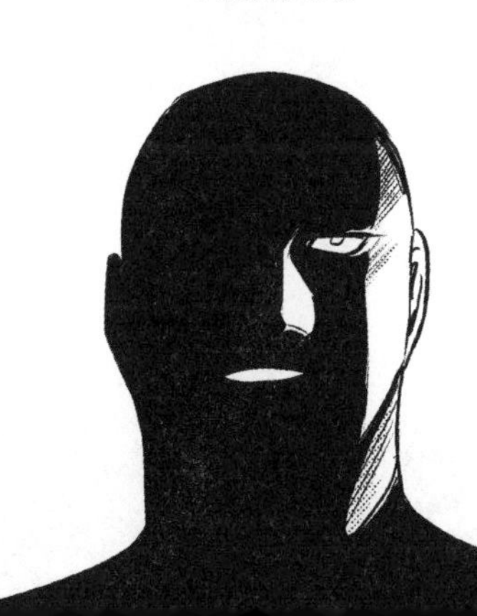

第10章 接受現在的自己，才能開拓美好未來 293

前言

人心並非難解的謎團

隨著文明進步，我們的生活也更加便利。透過電子郵件、社群網站，人們不必見到面也能進行溝通。然而，無論生活型態如何變化，人際關係衍生的煩惱還是沒有改變。

人際關係的問題，多半出自於人與人之間的想法有誤解。當你惹對方生氣時，不論怎麼思索對方生氣的原因，到頭來仍只是停留在自己的想像。即使詢問當事人為什麼生氣，也未必能得到真正的答案。

心理學這門專業領域，正是透過科學分析去了解人類的心理，盡可能解決這類的煩惱。

心理學是根據實驗及結果累積，推演出的人類心理法則，也能將其研究結果學以致用成為心理技巧。例如，「詳情將在廣告後揭曉」這類手法，就是運用很多人熟知的蔡戈尼效應（Zeigarnik effect），透過中斷事物來加強印象的效果。利用蔡戈尼效人類心理的技巧，視作理所當然地運用自如。

應，或許就能成為某個人心中「難忘的人」。一流的商務人士，將這些可以說是剖析人類心理的技巧，視作理所當然地運用自如。

本書透過漫畫生動的故事描寫人際之間的關係，以明白易懂的方式，解說人類心理會因為什麼樣的技巧而受到影響。同時透過漫畫，盡可能詳細地描述人的情緒和行為，面對各種不同情境時，將產生什麼樣的連結。

如果能善加運用心理法則與技巧，了解人類心理的動向，相信你的人生必然會大放異彩。若是本書能助你一臂之力，將使我深感榮幸。

齊藤勇

登場人物介紹

魅生堂員工。負責新人蝶野的教育訓練。特徵是總畫著一臉濃妝，熟捻心理學技巧。莫名與蝶野一起從總店被調動到浦地分店。

大學畢業後，進入魅生堂就職的新進員工。剛進總店服務不久，就遭人陷害被調派到浦地分店（別名監獄）。

剛畢業就進入魅生堂的型男，和蝶野是同期新進職員。為了設法讓蝶野等人離開監獄，主動提出協助意願。
。

魅生堂員工。和本村同期進公司，兩人交情很好。因為一個莫須有的罪名受到「判決」，被調任到到浦地分店。

生田希美

在魅生堂總店擔任經理的老鳥員工。穿著打扮有如SM女王的單身女性，頻繁地出入浦地分店。

城戶麗奈

魅生堂員工。地位如同管理總店女性老鳥員工組織的大姊頭。女性員工幾乎無人敢違抗她。

生田步

人稱監獄的浦地分店店長。特徵是說話有點娘娘腔，逼迫女性員工在嚴苛的勞動環境下工作。

相田葉子

魅生堂員工。外表看起來天真爛漫，卻是女性老鳥組織的一分子。酒量很好，個性陰險，為達目的不擇手段。

菊池誠

魅生堂社長。手腕高明，野心大而且城府極深。傳言就是他把現任會長從社長的位置拉下來，以成就自己的私心。

小田嚴

魅生堂總公司的部長，過去曾是生田希美的上司。行事嚴厲，有時會以冷酷的表情來壓制對方。很尊敬會長，總是設法助正路一臂之力。

正路清志

魅生堂的會長。平時不常露面，工作幾乎都授權由社長處理。人格高尚，除了小田，也受到多數部下的尊敬。

第１章
關鍵50%！
第一印象
決定了後續發展

這裡是魅生堂銀座沙龍，以創業一百四十年為傲的化妝品公司旗鑑店。創業以來，總店大樓成為地標而廣為人知。除了化妝品，也設有經營護膚、排毒等美容服務的招待所，來店光顧的名媛淑女絡繹不絕。
堪稱美的殿堂。
魅生堂
MI SEI DO
蝶野繭子
魅生堂新進員工
早安？
？
咦？怎麼都沒人？他們交待我必須在早會前報到，難道不在這層樓？

二樓的護膚沙龍也沒人。
對了！三樓好像是會議室？
大概是在那裡開早會吧？
……？
好像有說話聲…
叩
叩
打擾了…
嚓

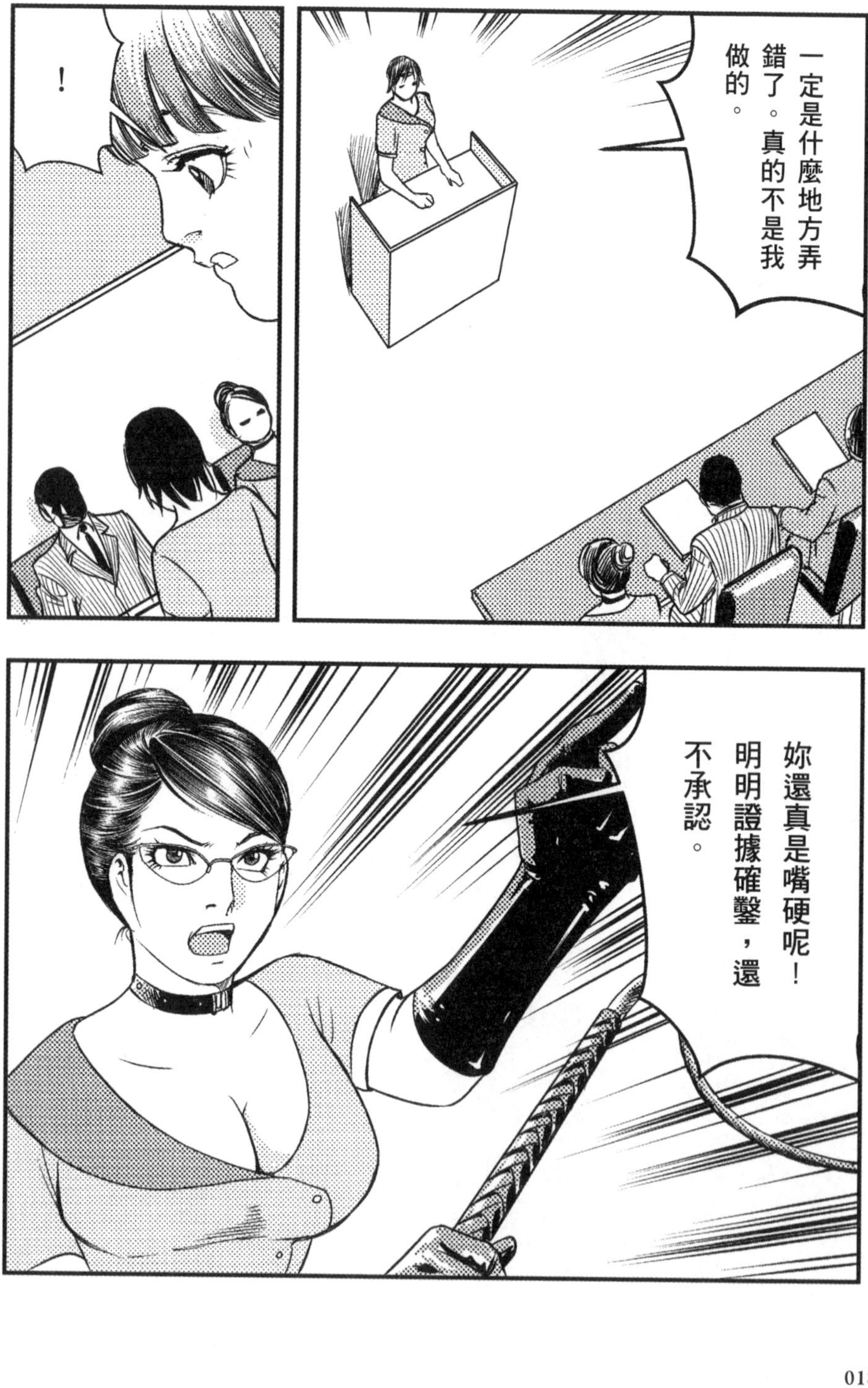
一定是什麼地方弄錯了。真的不是我做的。
！
妳還真是嘴硬呢！明明證據確鑿，還不承認。

眼神銳利
好的，那麼宣布判決。須田結，今日立即調任浦地分店。
浦…地分店？監獄…
我不要！
疾奔
啊！
須田，妳太不像話了！妳就乖乖認罪吧！
好痛！
咻
把這個女人帶過去！
嗚…
交給我辦。

!
瞄
妳是誰？剛剛的事妳都看到了？
對不起…我以為你們在開早會。
把剛才看見的全部忘掉！可以吧？
好…好的。
那麼，妳跟我來。
怎麼回事？這家公司…

城戶麗奈
魅生堂化妝品賣場員工
生田小姐。
那件事順利解決了。
須田已經被調到分店了。
生田希美
魅生堂化妝品賣場經理
神采奕奕
監⋯浦地分店!?
一切全是須田自己活該⋯誰叫她對客人說：「妳沒化妝還真像個相撲力士呢。」

真是的，竟然向客人挑釁…
謝謝生田小姐，真是太謝謝妳了。
不，這沒什麼。
臉紅
怎…怎麼回事？這裡的人際關係好像很複雜。
在這個魅生堂沙龍，分為三、四樓的本部，二樓沙龍，一樓化妝品區及招待所四個部門。
新進員工統一配置在現場，也就是人數最多的化妝品賣場。
現在宣布人事異動。須田小姐從今天開始調派到浦地分店。

竊竊私語
什麼？調到浦地？
騷動不安
竊竊私語
監…監獄
騷動不安
……
另外，今天開始有兩位新人加入。
我叫蝶野繭子，是今天剛分派到這裡的新人，請各位多多指教。
！
我也是從今天開始配屬這裡的新人，我叫正路清彥，日後還請各位多給我指導，謝謝。
正路清彥
魅生堂新進員工
騷動
好帥！
騷動
真迷人！

那麼，就快要十點了，請各位好好準備接待客人。
是！
迅速移動
開門
蜂擁而入
歡迎光臨！
生田小姐～我恨不得早一點見到妳。
片桐小姐，您今天的肌膚還是如同以往那麼漂亮。
不過，臉上的妝似乎沒那麼服貼。
來，我們到那邊，我立刻為您補妝。

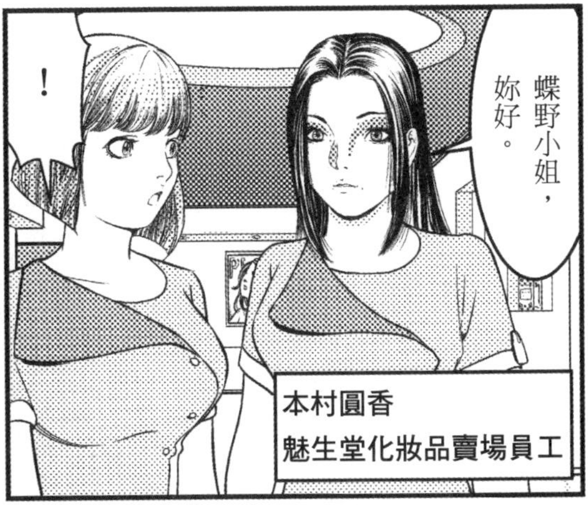
蝶野小姐，妳好。
！
本村圓香
魅生堂化妝品賣場員工

啊…您好…
第一次待在現場，感到不安的心情，我懂。

不過，心理學當中，有個詞叫做初始效應，主張見面的第一印象是最重要的。
第一印象…？

以妳剛剛打招呼的樣子來說，今後妳留給人的印象就會是「聲音小得像蚊子叫」。

初始效應

初次見面三到五秒的第一印象，會對當事人往後的印象評價造成影響的心理反應。

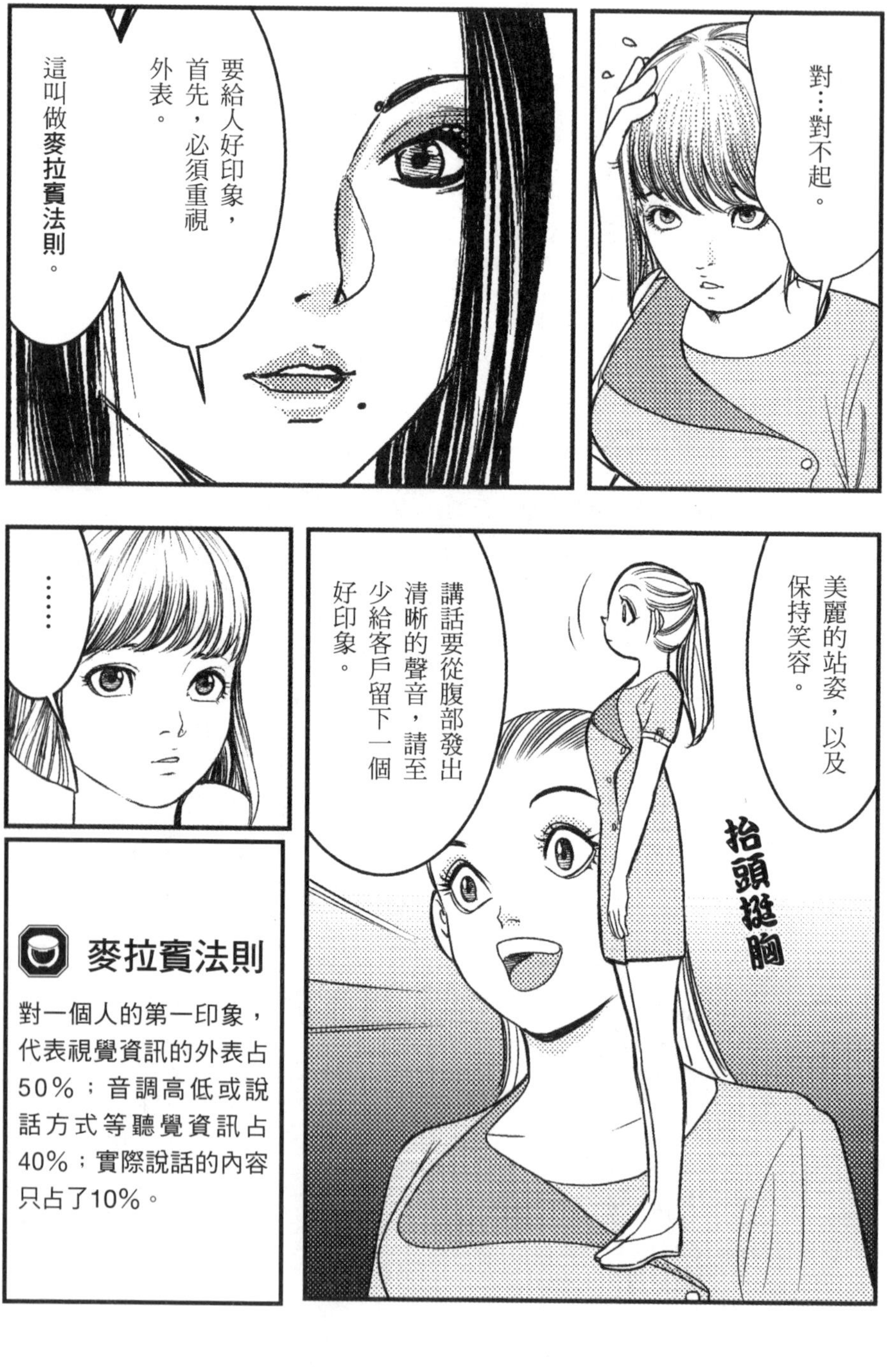
要給人好印象，首先，必須重視外表。
這叫做麥拉賓法則。
對⋯對不起。
美麗的站姿，以及保持笑容。
講話要從腹部發出清晰的聲音，請至少給客戶留下一個好印象。
抬頭挺胸
⋯⋯

麥拉賓法則

對一個人的第一印象，代表視覺資訊的外表占50%；音調高低或說話方式等聽覺資訊占40%；實際說話的內容只占了10%。

是的，從今以後，我會好好努力！
今後一起加油吧！蝶野小姐。
伸手
啊！
緊握
麻煩妳了！
好溫暖的手…
呵呵～
好好地握手，能有效獲得對方的信賴喔！
緊握

我會記住的！
蝶野小姐，你聽我說。人心並不是難解的謎團。
只要善用心理學，就能輕易了解人心並加以操控。
驚！
啊，蝶野小姐早安，看到同期的人，心裡就覺得踏實多了。
噢，正路先生，我…我也是。

雖然研修時沒跟妳說過話，往後請多多關照。
當然也請前輩多多關照，我是正路清彥。
伸手
我叫本村圓香，請多指教。
緊握
這個握手方式……很不錯嘛！
對了，蝶野小姐的名字真美。
我也這麼認為。
謝謝你們的讚美。我好開心！
像是能進東都歌劇團的好名字呢。

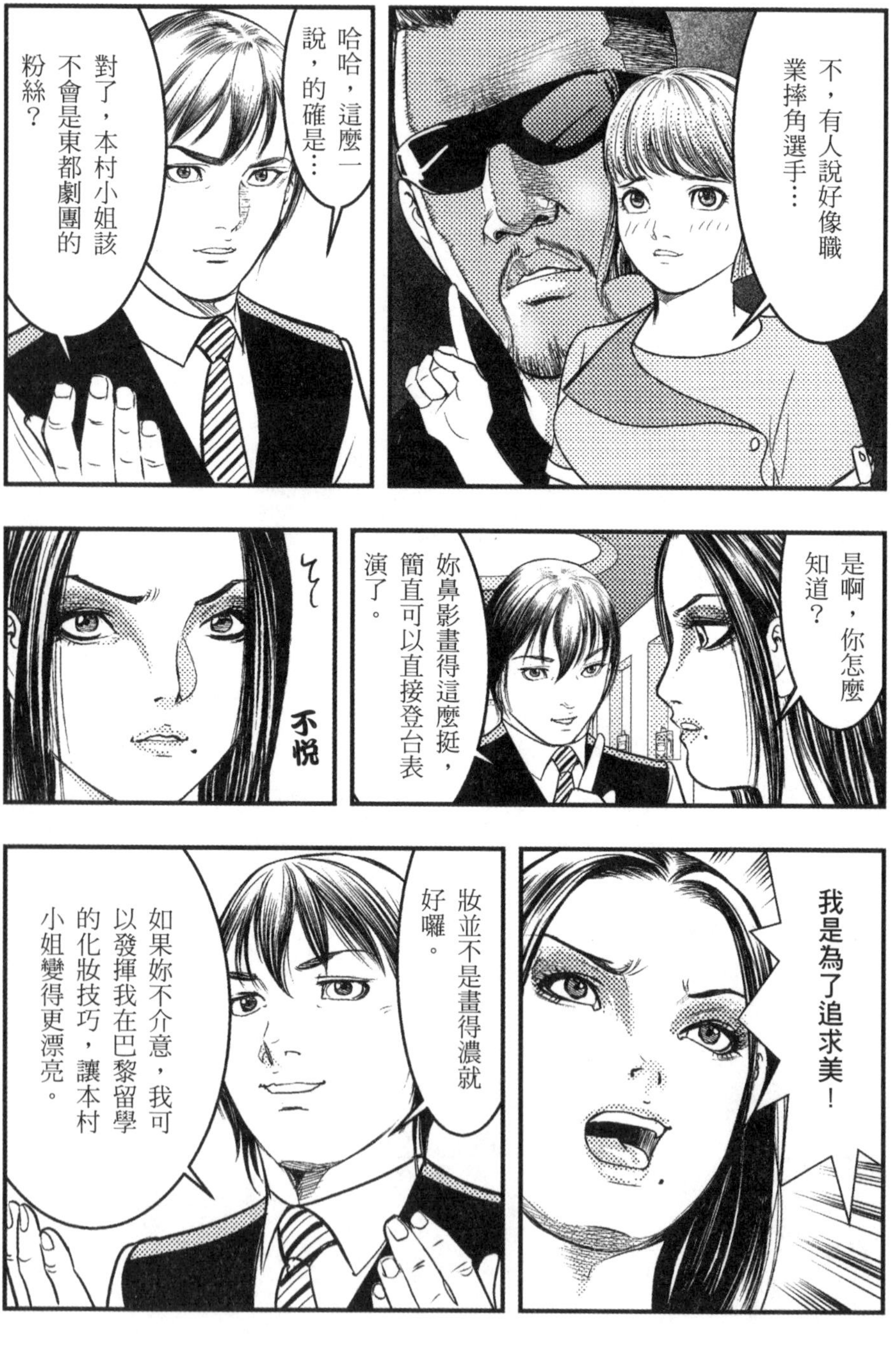
不，有人說好像職業摔角選手…
哈哈，這麼一說，的確是…
對了，本村小姐該不會是東都劇團的粉絲？
是啊，你怎麼知道？
妳鼻影畫得這麼挺，簡直可以直接登台表演了。
不悅
我是為了追求美！
妝並不是畫得濃就好囉。
如果妳不介意，我可以發揮我在巴黎留學的化妝技巧，讓本村小姐變得更漂亮。

也好，就讓我瞧瞧你的本事！
那就這麼說定了。我們先交換聯絡方式。
好的。
輕晃
輕晃
請你也教教我怎麼化妝。
沒問題。藺子長得那麼漂亮，妝畫得這麼淡太可惜了。
臉紅

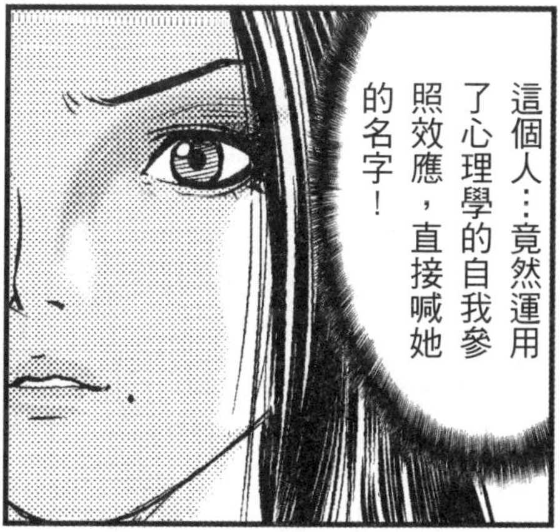
這個人…竟然運用了心理學的自我參照效應，直接喊她的名字！

自我參照效應

如果感到某件事和自己有關，就容易產生親密或戀愛情愫的心理效果。戀愛時，為了讓對方想到你，可以透過故意挖苦對方，或是和對方商量你的煩惱，來提高對方的關心。直接以親暱的稱呼來表現親密感，也是一種方式。

這是他刻意的？還是天性使然？
雖然還不清楚這個人的來頭⋯⋯不過，他很行！
魅生堂
MI SEI DO
⋯⋯
歡迎再度光臨！
生田小姐。

員工專用
可以耽誤妳一下嗎？
什麼事？
我…看上正路了。
！這…可是…
我知道。他是會長的少爺，長得又帥，對我來說高不可攀…
但是，正因為如此，我認為他可以把我帶回陽光下，再也不必被別人在背後指指點點。
一亮

我知道了，麗奈殿下。
只要能幫得上麗奈殿下，我願意赴湯蹈火。
謝謝。現在就有件事要麻煩妳。
好的，您儘管開口！
我要妳把那個新來的女人和本村送到監獄！
監獄！
沒錯，送她們去監獄！

魅生堂浦地分店，人稱監獄。
和銀座沙龍只相隔一條街的位置，但是治安差、客群差、業績差，有著被稱為「三差」的惡名。被調動到這裡的員工，通常不到三個月就形同廢人，而自動離職。
哎呀…討厭，我竟然又說什麼監獄…
您別在意，沒問題的。
是嗎…但是，要怎麼做才能把她們調派過去呢？
又不能推說她們犯了太多失誤…

真的？
包在我身上。
我有辦法。
是的，既然沒辦法推說她們犯錯…
只要讓她們自己犯錯就好了。
就像她們自找的一樣…
眼神發亮
奸笑

心理技巧大補帖

初始效應（primacy effect）

初次見面三到五秒的第一印象，對當事人往後的印象評價會造成影響的心理效應。第一印象是根據服裝、表情、整體的清潔感、聲音高低等因素而影響對方的評價。一旦產生「他是這樣的人」的既定印象，日後要再推翻就很難了。

麥拉賓法則（rule of Mehrabian）

心理學家艾伯特．麥拉賓（Albert Mehrabian）調查各種訊息對一個人印象的影響程度。代表視覺訊息的外表占了50%；音調高低或說話方式等聽覺訊息占40%；實際說話的內容只占了10%。

自我參照效應（self-reference effect）

如果感到某件事和自己有關，就容易產生親密或戀愛情愫的心理效果。戀愛時，為了讓對方想到你，可以透過故意挖苦對方，或是和對方商量你的煩惱，來提高對方的關心。直接以親暱的稱呼來表現親密感，也是一種方式。

人氣王的心理戰略1-1　初始效應的應用

曝光效應

人們對於身旁的人容易抱著好感。
藉由製造頻繁見面的機會，能提高好感。

對象

異性	找到機會讓對方看到你就能產生效果。
同事	一有要事就多熱絡聯繫。
客戶	勤奮地走動拜訪能同時展現誠意。

關鍵

根據查榮克的實驗結果，見面次數越多，好感度越高。不妨積極製造見面機會吧！

只看照片也能提升親密感

每天打照面的異性，一開始沒有任何一點感覺，但是頻繁見了幾次面後，不知不覺竟然喜歡上對方。

在生活中經常聽聞這類案例。這就是「曝光效應」（mere exposure effect）產生的效果。對於越常見面的人，越容易抱持好

喜好變壓器＝口嫌體正直

心理學家查榮克讓一些大學生隨機觀看多張人物照片，然後詢問他們對照片中的人物印象。

改變A～C的
照片觀看次數
參加實驗者
觀看次數越多，好感度越上升
A
B
C
初次
2次
5次

初次見面的好感度最低，隨著觀看次數的增加，對照片中的人好感度也跟著上升。

感。而且，不是只有異性之間能發揮這個效果，公司的同事和客戶，由於頻繁見面，彼此也能因此成為「熟識對象」，合作起來更得心應手。

另外，電視廣告令人朗朗上口，也是運用同樣的心理效應。當消費者在街頭巷尾或在家看電視等場合，反覆數次在生活中「接觸」產品廣告，自然會提高好感度。

根據心理學家羅伯・查榮克（Robert Zajonc）的實驗，證明即使沒有見到本人，光是看照片，也能增加對當事人的好感。查榮克的實驗雖然是透過看照片提升好感，不過和初次見面的印象相較之下，後續接觸的次數越多，越能得到良好的評價。

就算初次見面的印象普通，只要增加見面次數，就有可能在不知不覺中，遇上良機來敲門。

人氣王的心理戰略1-2　麥拉賓法則的應用

口頭禪的印象

每個人難免有一些口頭禪，從慣用的口頭禪可以對他人個性窺知一二。

對象

上司	在上司面前盡可能避免口頭禪。
同事	從口頭禪掌握思考方式及個性，共事容易占優勢。
異性	對方說出消極的口頭禪時，適時伸出援手，能讓對方留下好印象。

關鍵

藉由了解自己的口頭禪，能夠掌握自己將帶給他人什麼樣的印象。

小心！不經意的一句話，也能印象大翻轉

每個人都難免有某些不經意脫口而出的「口頭禪」。但出乎意外地，當事人通常沒有自覺。

許多人時常一開口就是「但是」、「可是」，一般是基於不想被對方否定的心態，

從口頭禪診斷人格特質

不經意使用的口頭禪，間接透露了性格，或許會讓人厭惡。

「似乎…」、「總覺得」、「好像…」、「感覺…」

說話曖昧、模稜兩可，為自己找退路，很可能是心機重的人。

「但是」、「可是」

雖然沒有明白反對，卻會因為芝麻小事抱怨，不想負責任的類型。

「沒什麼。」

說穿了就是我行我素。但是會帶給對方不安，欠缺協調性的人。

「交給你了」、「我也一樣」

雖然配合度高，卻欠缺自主性的人云亦云型。事後可能會抱怨「早知道還是〇〇比較好」。

希望說出的話被接受，但如果一開口總是帶否定的字眼，也會給對方負面的印象。

習慣說「似乎…」、「總覺得」、「好像…」的人，通常很在意別人的反應，雖然配合度很高，卻不擅長表達意見，又或是根本沒有意見，缺乏主見的人。

有「交給你了」、「隨便」、「我也一樣」口頭禪的人，屬於習慣附和他人意見的類型，但常事後抱怨「早知道還是〇〇比較好」。這類反應也可能給別人留下壞印象，所以必須注意。

各位最好要了解，自己平常有哪些不經意就衝口而出的口頭禪。正因為是容易無意間說出的口頭禪，更要避免在意想不到的場面使他人對自己產生不佳的印象。

人氣王的心理戰略1-3　初始效應的應用

色彩印象效果

初次見面的印象好壞對日後有很大的影響。
利用色彩效果，輕易操控帶給對方的印象與評價。

對象

客戶	藍色給人冷靜印象、綠色表現體貼形象，容易產生信賴感。
上司	威嚴的黑色和熱情的紅色，能夠提高信賴感。
異性	白色給人輕快的感受；黑色給人知性、聰明的印象

關鍵

貪心地使用太多顏色，會給人不夠沉著的印象，應該妥善決定重點色。

左右印象的關鍵，不要小看色彩的效果

初次見面的印象，從服裝、髮型的清潔感，和表現的態度等，幾乎都和外表有關。

外表給人的印象，當然包括各種顏色。如同人們常說，性感內衣選擇煽動情欲的紅色比較好，或是寒色系的領帶看起來較富知

運用色彩控制他人的心理印象

一般認為紅色代表熱情；藍色是冷靜、抑制；綠色是安定、調和；黃色是希望、明亮；紫色給人高貴、欲求不滿等印象。

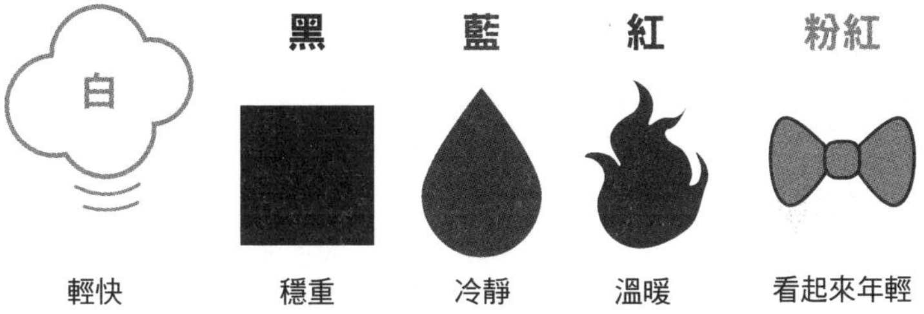

性。顏色不只對人類情緒會產生形形色色的影響，也會左右穿著該色彩衣服的主角給他人的印象。

和初次碰面的人見面時，穿戴墨綠色的衣服或飾品，給人穩重及安心的感受，能使對方產生信賴感。如果個性怕生，不擅長和初次見面的人交談，則建議穿著黃色。黃色容易產生親切感，或許對方就會熱烈地主動找你攀談。

生活中常穿的正統顏色，以白、黑、灰、藍為主，白色給人輕快、整潔感；黑色給人穩重、敏銳的感覺；灰色讓人覺得沉著、清爽；藍色則給人知性的印象。善用色彩效果，面積大的西裝或外套採用正統色，領帶、眼鏡等選擇其他較鮮艷的色彩點綴，輕鬆因應不同時間、地點、場合做出最恰當的穿搭。

空間及裝潢的色彩效果也會造成影響

不僅服裝，空間及裝潢的色彩效果也有很大的影響。暖色系的照明令人覺得時間過得快、食物看起來比較美味；相反的，藍色系照明令人覺得時間相對緩慢，由於食物色彩看起來顯得不自然，有降低食欲的效果。如果想和合作對象在餐廳平靜商談，不妨選擇寒色系照明的店鋪；希望與深入交往的異性在愉快的氣氛下用餐，就應選擇暖色系照明的店鋪。諸如此類，因應不同情境需求，連同店鋪照明色系也納入考慮較為理想。

家中的裝潢色彩，最好選擇適合生活步調的色彩。如果希望待在房間能放鬆心情，選擇藍色作為主色可以帶來平靜，夜裡應該也能睡得較熟。紅色裝潢雖然能有效帶來活力，但是一整面紅色無法讓心情平靜，所以建議採用重點式裝潢。另外，粉紅有促進女性荷爾蒙分泌的效果，能使外表看起來較年輕。各位不妨依照各個顏色的效果，選擇喜愛的色彩，保持每天的活力。

以個人喜愛的色彩為主，因應場合及目的挑選顏色。

第2章
善用心理陷阱，
讓人無條件喜歡你

你說要讓她們犯錯，該怎麼做呢？
叫相田過去。
相田？
啊，原來如此。沒錯，真是個好主意！
如果是她，一定會幫我們處理得很妥當。就交給她吧！
每次都麻煩妳，謝啦！
靠近
遵命！
奸笑

這些是新商品。
……
那…我就買這個囉！
謝謝惠顧！
行禮
蝶野小姐看著我的一舉一動在寫筆記…
寫筆記是件好事。
整理出重要的或不重要的資訊，
之後再複習，更能熟記內容。

該不會蝶野小姐曉得——表現出寫筆記的態度，能達到訪員效應？
訪員效應
一邊聆聽一邊寫筆記，比單純點頭同意更能顯現出「我對你說的話很感興趣」。藉由表現出這樣的態度，能讓對方留下「專心聆聽談話」的印象，增加好感。
請問……
歡迎光臨！
您今天是下班後順路過來嗎？
是的…我一直很想來看看，今天總算鼓起勇氣進來。
實在太感謝您了。
不……
……
筆記
筆記

從這麼多化妝美容的店家中選擇本店，是我們的榮幸。通常您下班後都去哪些地方逛逛呢？
我平時都直接回家，但這個週末因為有聚餐…
原來如此，這就是本村說過的「和內向的人先從閒話家常開始」策略吧？
聽好，蝶野小姐。沙龍的客人不是只有常客。
也有一些還沒決定要買什麼，只是隨興走進來的客人，或是雖然有目的，卻說不出口、個性內向的客人。
服務這類的客人，先從閒話家常開始很有效。
閒話家常嗎？
是的。閒話家常能讓客人放鬆，然後從談話中找出對方感興趣的事。

有個說法叫情境脈絡效應，先談對方感興趣的話題，對方就能愉悅地傾聽推銷的內容。
情境效應…
情境脈絡效應
心理學家費茲西蒙證實，先講一些讓對方心情愉悅的話題，有利於後續的交涉。
聚餐是嗎？您週末經常外出嗎？
不，假日幾乎都待在家…所以我想，趁著機會難得，乾脆買些新的化妝品。
那麼，我為您推薦適用於特別的日子所畫的妝容好嗎？
看這個樣子，八成是約會。
嗯，麻煩妳了。

完成了！臉頰的彩妝以自然效果呈現，眼影則是用粉紅珠光呈現纖細柔和的美感。
唇膏則是選擇不易掉色的亮橙色。
這是我嗎？
在辦公室看起來很清純，在餐廳的照明下也能看清妝容的珠光色澤是重點。
但是…我也有辦法畫得這麼好嗎？就算買了同樣的化妝品，可能也沒用…
只要掌握訣竅就很簡單。如果妳很擔心，可以下班後再過來，我告訴您一些重點。
這樣的話，我應該也做得到，請給我一組！
本村小姐好厲害！

多虧生田小姐，讓正路跟著我見習，呵呵呵。
果然裸色和粉紅色才是日本女性妝容「可愛」的關鍵嗎？
唇膏再鮮艷一點是不是比較好？
!!
唉呀！您的嘴唇比較厚，應該選擇不會那麼突顯的裸色才對。
！
迅速
這位小姐的嘴唇很性感，如果是選擇這種帶著光澤感的粉色…
簡直美得像安潔莉娜・裘莉。

討厭，竟然說我像裘莉⋯
真的和裘莉超像。
好，我決定買這個。
謝謝您。
正路先生，謝謝你剛剛幫我解圍。
這是小事，你不用放在心上。
我真是的，一不小心就對客人說了失禮的話⋯
誰都難免有犯錯的時候。
今天就讓我請你吃個飯，表達我的感謝。
今天？

我今天已經有其他約了，我和本村及蝶野小姐下班後有聚會。
哦，這樣啊。
嗯…如果城戶小姐不介意，要不要參加？
打擾你們年輕人就罪過了，我還是別參加比較好。
城戶小姐和我們又沒差多少…
我知道了，那下次我們再約吧。
什麼嘛！真是氣死我了！
咔
咔
麗奈殿下
蹬
啊，生田。
請讓我出馬吧！

相田！
城戶小姐。我聽說了。請放心交給我這個擊沉眾多社員的戰士相田！
相田葉子
魅生堂化妝品賣場員工
我們要去哪一家店啊？
這一帶有不少評價不錯的店。
你們好！
噠
噠
!?

你們該不會是要去喝酒？我可以參加嗎？
當…當然，歡迎參加！
呿…喝酒的聚會，有相田在場從來沒好事。
這樣的話…要不要到我常去的居酒屋？
好啊，我們正在考慮要去哪一家…可以吧？
麻煩一下，我們要點餐。
吵雜
吵雜
生啤…
我要卡魯哇咖啡酒。
吵雜
吵雜

討厭，你們一個點生的，一個又點白色濃濁的飲料，好色哦…
臉紅
是妳想太多了。相田小姐…
我要一壺啤酒！
！
一壺！
怎麼了？以前學生時代只要去喝酒，我都是點一壺。
原來蝶野以前是飲酒社的成員，真意外…不過，這樣反而正中我的下懷。
來，各位！我們先為兩位新人乾杯！
乾杯！
那麼，我先…
拿起

辛苦！辛苦！辛苦了！
哇！真令人懷念的行酒令！蝶野我！喝了！
咕嘟咕嘟
蝶野小姐相當天真，繼續照相田小姐的步調，就會變成我最討厭的那種吵鬧的聚會。
聽我說，難得四個人一起喝酒，要不要玩個遊戲？
我喜歡靜靜的聊天…
哇！好像很有趣。什麼樣的遊戲呢？
蝶野小姐…
那…山手線遊戲怎麼樣？
我不會玩山手線遊戲。

可是，如果以東都歌劇團套用山手線遊戲，本村小姐就沒問題吧？
被妳這麼一說…我就沒辦法拒絕了。
好，就這麼決定！
先說好，輸的人要乾一大杯喲！
好，開始囉！
古今東西，山手線遊戲的東都歌劇團演員名字。
啪！
哇！
又是蝶野小姐！
妳喝！
啊，又想不起名字。我乾杯。
咕嘟
咕嘟
好，繼續！

啊！又是我輸，蝶野我喝！
那麼，接下來的題目是：說出啤酒的品牌！
唉呀！出局。相田我喝！
本村我喝！
蝶野我喝！
本村我喝！
蝶野我喝！
相田我喝！
我…我不行了。
撐到現在竟然還是輸了，真懊惱。明明再一下子就能擊敗相田了…
糟了！這該不會是相田利用沉沒成本效應，所設下的圈套！
沉沒成本效應
對於投入時間或金錢的事項，產生有損失也要設法回本、「事到如今絕不退縮」而深陷泥淖的心理效果。賭博令人沉淪往往起於這個心理，因為想挽回損失，以致投注更多金錢。

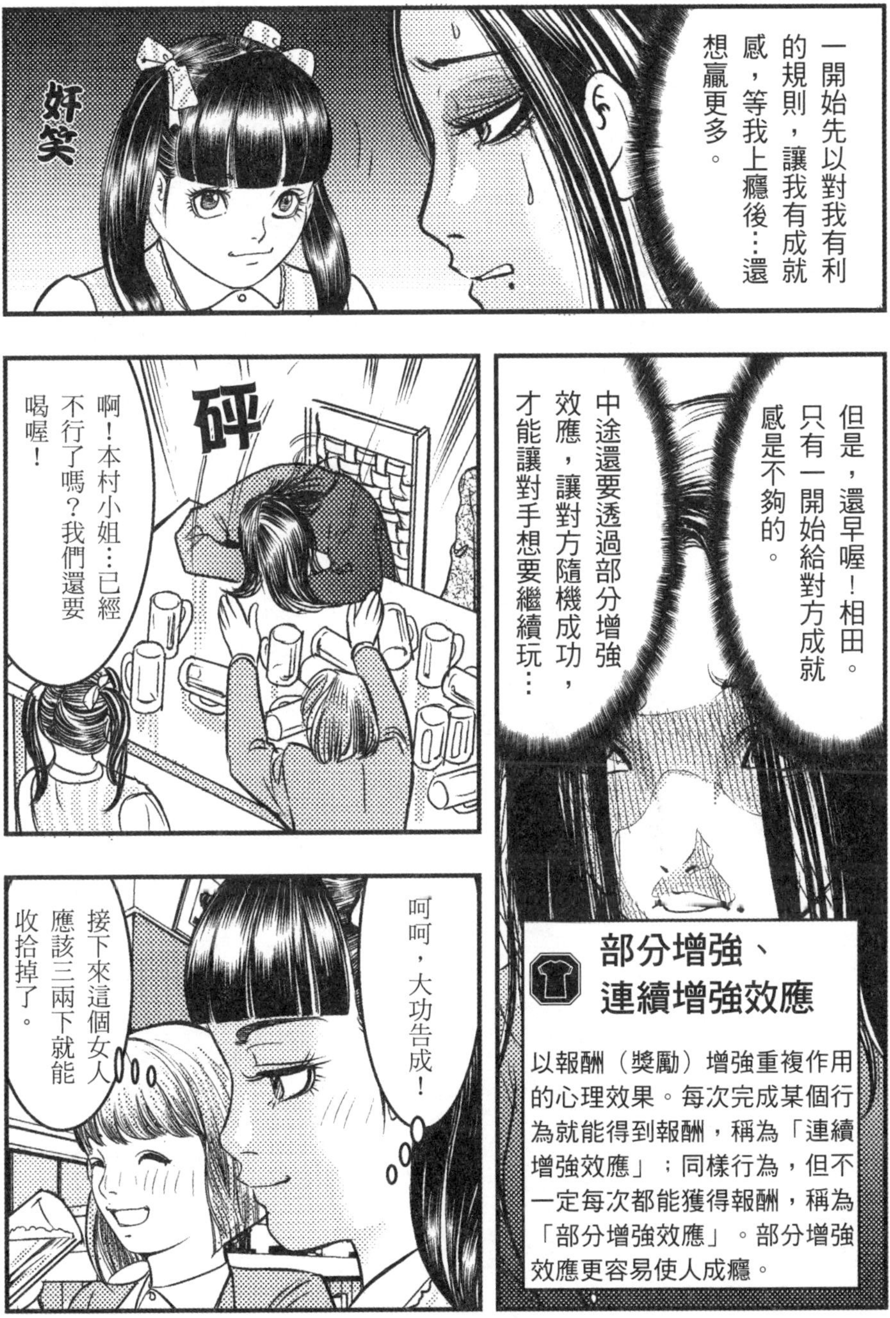
一開始先以對我有利的規則，讓我有成就感，等我上癮後…還想贏更多。
奸笑
但是，還早喔！相田。只有一開始給對方成就感是不夠的。
中途還要透過部分增強效應，讓對方隨機成功，才能讓對手想要繼續玩…
部分增強、連續增強效應
以報酬（獎勵）增強重複作用的心理效果。每次完成某個行為就能得到報酬，稱為「連續增強效應」；同樣行為，但不一定每次都能獲得報酬，稱為「部分增強效應」。部分增強效應更容易使人成癮。
砰
啊！本村小姐…已經不行了嗎？我們還要喝喔！
呵呵，大功告成！
接下來這個女人應該三兩下就能收拾掉了。

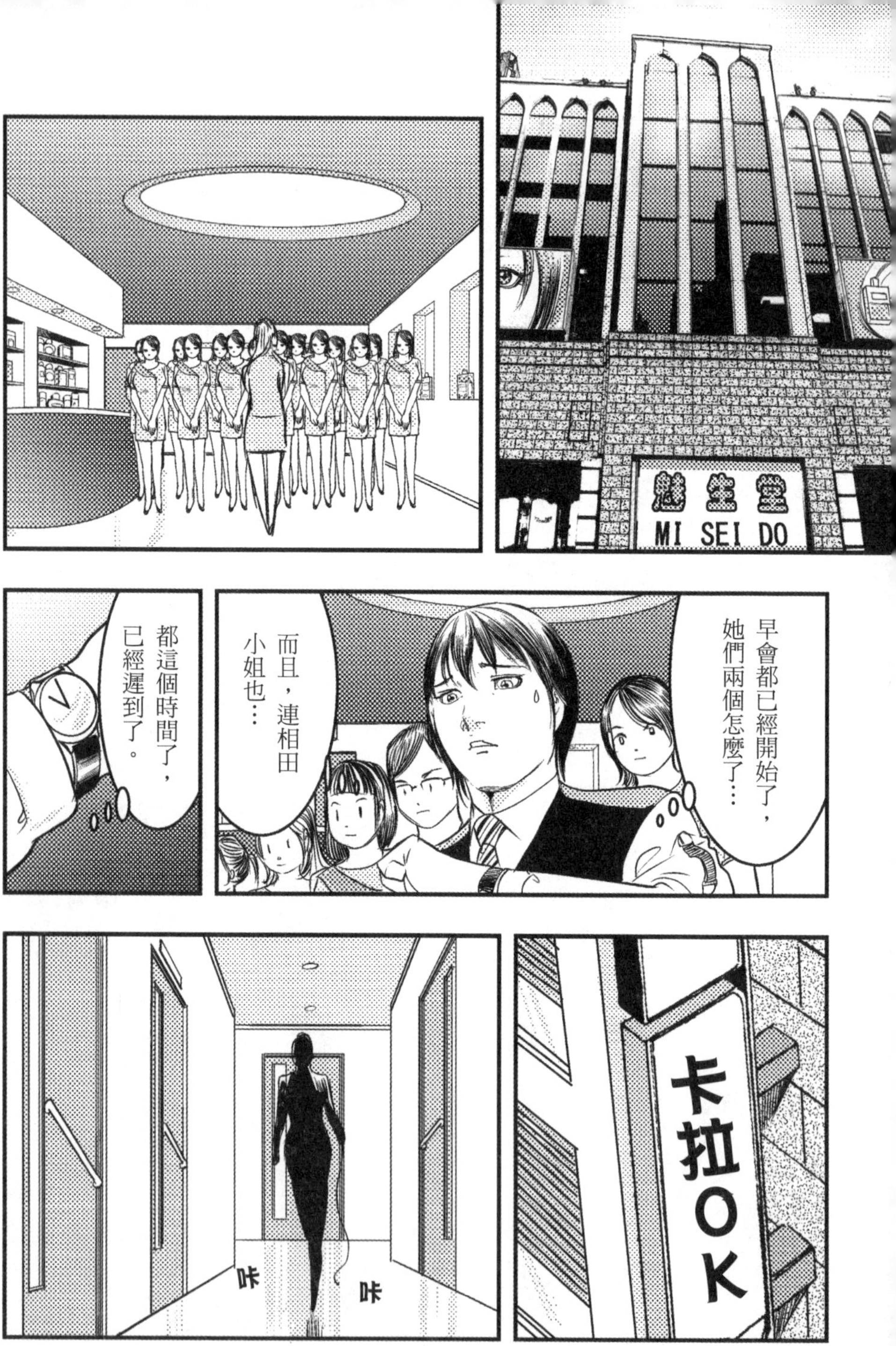
魅生堂
MI SEI DO
早會都已經開始了，她們兩個怎麼了…
而且，連相田小姐也…
都這個時間了，已經遲到了。
卡拉OK
咔
咔

碎
再唱一首…
唔…
妳們兩個！
！
咦，生田小姐？現在幾點了…？
睡眼惺忪

明明知道今天要上班，竟然喝到爛醉如泥，結果還曠職，妳們膽子不小嘛！
抱…抱歉。
生田小姐為什麼會來這裡…
不用狡辯了！簡單說，你們就是態度怠慢！
妳們兩個從今天開始調到分店服務。現在立刻準備！
等…等等！生田小姐！
別做垂死掙扎了！都已經過中午了！這已經不是遲到！
而是不折不扣的曠職！

蝶野大小姐！妳才上班第二天就搞出這種事，妳當自己還是學生嗎？
對…對不起！
照理說，就算解雇妳們也不能有怨言，但是現在只是調職懲戒，也算網開一面。
希望妳們至少要懂得感恩。
怎麼這樣…

咚
進去！
咔
哎！
怎麼了？又是新人嗎？
是的，一切有勞你多關照了！

心理技巧大補帖

訪員效應（interviewer effect）

一邊聆聽一邊寫筆記，比單純點頭回應，更能表現出「我對你說的話很感興趣」的態度。藉由這個做法，能讓對方留下「這個人很專注聆聽別人說話」的印象，使上司或身邊的人提高對你的評價。

情境脈絡效應（context effect）

心理學家費茲西蒙（Javan J. Fitzsimons）主張，前後的情境對於交涉會產生極大的影響。所以在提出朋友、嗜好等，讓對方心情愉悅的話題後，能使交涉結果往有利的方向進行。

沉沒成本效應（sunk cost effect）

對於投入時間或金錢（或是兩者）的事項，即使在某個時間點應該放棄抑注的時間與金錢才合理，人們仍然會有想要拿回損失的部分，產生「事到如今絕不退縮」的心理反應。

部分增強、連續增強效應（partial reinforcement effect、continuous reinforcement effect）

以報酬增強重複作用的心理效果。每次完成某個行為就能得到報酬，稱為「連續增強效應」；同樣行為，但不一定每次都能獲得報酬，稱為「部分增強效應」。部分增強效應更容易使人成癮。

人氣王的心理戰略2-1　情境脈絡效應的應用

認知失調理論

人們對於不喜歡的對象容易採取不友善的態度，但是如果能反過來給予讚美，就有可能建立良好關係。

即使被討厭的人讚美，也是一件開心的事

怎麼樣也無法喜歡的對象，即使想找出可以促進友誼的共同點，通常話題或個性可能也不太合拍。

這時候藉由「讚美」，就能隨心所欲地掌控你與沒有好感的對象之間的關係。即使

對象

對象	
上司	積極地寫筆記，表現出樂於學習的意願，上司的評價也會比較高。
前輩	可以讓前輩覺得你是一個老實聆聽教導、有幹勁的誠懇後進。

關鍵

提問的答案如果只是「YES」、「NO」的情況時，不需要筆記，否則會讓人覺得是在做表面功夫。

認知失調理論和酸葡萄心理

「酸葡萄心理」是伊索寓言中的一則故事

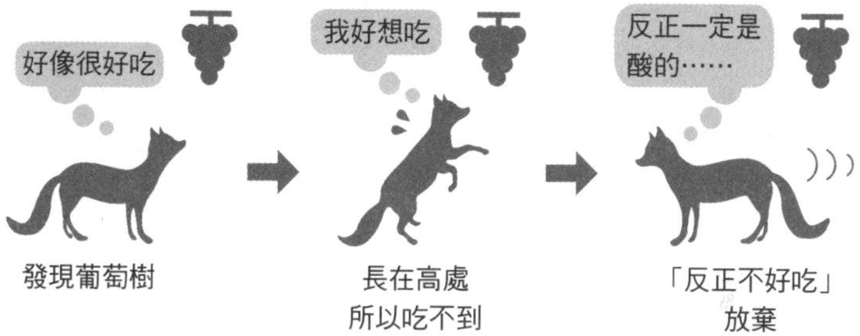
好像很好吃
我好想吃
反正一定是
酸的……
發現葡萄樹
長在高處
所以吃不到
「反正不好吃」
放棄

想吃看起來很好吃的葡萄，卻吃不到。這種心中所想和現實不同的狀態，稱為「認知失調」。狐狸為了消除認知失調的壓力，所以對自己說「反正一定是酸葡萄」來自我安慰。

是對方心存芥蒂，也同樣適用。

不願刻意讚美討厭的對象是人之常情。這時如果逆向操作，反而去讚美你討厭（或是你被對方討厭）的對象，對方會因為「這傢伙應該不會讚美我」的認知，實際上卻受到讚美，而產生「認知失調」。

這種現象，是美國心理學家費斯汀格（Leon Festinger）提出，心理學中稱為「認知失調理論」（cognitive dissonance theory）。指出人們遇到與自己的想法矛盾的狀況時，心理會呈現一種不舒適的緊張狀態。為了解除這種煩躁的精神狀況，所以會告訴自己：「我本來就不討厭他。」不知不覺中自然能增強對對方的好感。

只要巧妙地運用這種認知失調理論，就能悄悄掌控對方的想法。

人氣王的心理戰略2-2　沉沒成本效應的應用

YES心理定向

持續地拜託一些簡單小事，
不可思議變得難以拒絕。

對象

後輩

無論如何都以「請對方幫忙」的形式提出請求，即使感到有點勉強，後輩也會接受請求。

部下

有點不合理的要求，也是因為期待部下能有成長。從旁協助以維持部下的工作意願。

關鍵

不能因為對方的地位比較低，就以高壓的姿態頤指氣使，會招來反彈。

希望對方忠實聽從命令，先從拜託小事開始！

站在部下的立場，他們沒有選擇主管的權利。其實對主管來說，也是同樣的狀況。為了公司穩定發展，不僅是主管，對企業而言，「忠實的人才」有存在的必要。

即使無法選擇人才成為部下，卻能培養

YES心理定向＝說「好」會成為習慣

對你唯命是從的忠心部下，出乎意料地容易培養。先從簡單的請求開始，讓他養成聽從命令的習慣。

STEP 1
STEP 2
STEP 3
STEP 4
請幫我影印
請幫我寄個東西
麻煩你加班
這個工作交給你了！
好！
好！
好！
好！

小心過度量產乖乖牌！

培養聽話的部下很簡單。但是聽話的部下，通常不擅長自主思考去採取行動，總是被動地等待對方的指示。所以要是公司裡太多乖乖牌，業績恐怕會下滑，不可不謹慎。

忠誠的部下。因為我們可以運用「YES心理定向」的技巧。一般而言，人們只要說了「YES」以後，對於接下來的請求，更容易答應。請求填寫簡單的問卷調查後，原本不想寫的地址、姓名，容易礙於難以拒絕而全寫出來，這也是利用同樣的技巧。

為了培養忠於命令的部下，要運用一點訣竅。一開始先委託絕對難以拒絕的簡單工作，持續一段時間後，部下會產生一個固定印象「你交辦的工作＝簡單的工作」。當他幾乎無條件地回答「好！」的時候，「乖乖牌」就誕生了。

這麼一來，就算日後你交辦了有點無理的要求或工作，他可能也會順從答應。

人氣王的心理戰略2-3　沉沒成本效應的應用

正向與負向的安撫

讓對方花時間及金錢，因而產生執念，
相反的，無條件的「喜歡」也有打動對方的效果。

有條件的「喜歡」，與無條件的「喜歡」

我們日常生活中免不了得與形形色色的人和平相處。但實際上人不可能做到「喜歡每一個人」，其中難免遇到惹人嫌的傢伙，或是連看到臉都討厭的人，卻無可奈何。

像這樣除了「喜歡」、「討厭」，或

對象

同事：「有你在就覺得很開心」等正面的言語，能使同事對你產生信賴感。

異性：「有你在就覺得很平靜」等，表達無條件抱著好感的心情，能使異性對你感到安心。

關鍵

即使是面對討厭的人，表達「不喜歡○○的部分」，而不是全盤否定，可以填補與對方之間的鴻溝。

安撫

一個人承認另一個人存在的所有行為。

	善意	惡意
有條件	因為很溫柔才喜歡、因為很大方才喜歡等「因為○○，所以喜歡」，基於某個因素而產生正面的情感。	很嚴厲所以討厭、愛生氣所以討厭等「因為○○，所以討厭」理由，基於某個因素而產生負面的情感。
無條件	「你在我身邊就覺得幸福」、「喜歡你的一切」等，毫無理由地懷著正面的情感。	「不論你做什麼都討厭」、「完全無法接受你進入我的視線範圍」等，毫無理由地懷著負面的情感。

人們喜歡能帶給自己安心感的對象，想跟這樣的人在一起，所以能「無條件正面安撫」別人的人，容易受到他人喜愛。

是「讚美」、「叱責」等行為，藉此承認某個對象的存在，心理學稱為「安撫」（stroke）。這是承繼精神分析的美國精神科醫師艾瑞克．伯恩（Eric Berne），在「人際溝通分析」（Transactional Analysis）提出的理論。

讚美、釋出善意等正面的行為是「正向安撫」；叱責、嫌惡等負面行為則屬於「負向安撫」。順帶一提，不承認對方存在的「無視」，並不屬於安撫。無論如何，安撫都是在承認對方存在的情況下而做出的行為。

另外，安撫分為伴隨身體接觸的「身體安撫」，以及心理交流的「心理安撫」。正面的身體安撫好比撫摸、握手、擁抱等友好的行為；負面的身體安撫則包括毆打、踢人……等，有時伴隨暴力的行為。

善用正負安撫，帶來良好的人際關係

更進一步說，正向、負向安撫如果是以「因為是有錢人才喜歡」，或「因為很暴力，所以很討厭」等，以滿足某個條件為前提，這就是「有條件的安撫」；相反的，「只要你在我身邊就很喜歡」或「打從心裡無法接受」等，沒有附帶條件的情況，就是「無條件的安撫」。

想建立良好的人際關係時，不妨採取正向而無條件，或是負向附帶條件的安撫。對於重要的人，不是「因為有錢」、「工作能力強」，而是「你就是你」所以喜歡。

當人們感到自身存在意義得到滿足時，就會覺得帶給自己滿足感的人很重要。相反的，「打從心裡無法接受」等存在本身遭到否定的情況，非常難以應對。因此，負面安撫不妨以「討厭不收拾整理的部分」，透過附加條件，避免毫無道理去逃避或全面否定某個人。

正向安撫要無條件，
負面安撫要附帶條件！

第3章
點頭附和就能解開對方心防

倏地
什麼！又有新人來啦？
生田步
魅生堂浦地分店　店長
啊！你是誰？
聽說妳們都稱呼這裡是監獄。
那我當然就是典獄長囉！不管我說什麼，
妳們都要絕對服從，不許反抗喲！
……
嗅
嗅
怎麼有股臭味？
討厭…好濃的酒臭味！妳們到底喝了多少？
話說回來，菜鳥竟然這麼狂妄，下午才來上班，還不快點去換制服！

店長，接下來就拜託你了。我先回總店了。
好的，妳放心交給我～啊！我真期待今天的晚餐。
店長，講話要看場合！
對不起嘛～
什麼嘛！他們兩個究竟是什麼關係？
我先走了。
辛苦妳了～
妳們也不要再磨磨蹭蹭的！快去換衣服！
這是什麼制服⋯⋯

真的要穿這樣接待客人嗎？
突然覺得很悲慘。
怎麼會要我們穿這種多數人都不適合的制服…
就算是企圖製造拉近距離的效果，也太誇張了。
拉近距離效應
穿著打扮時，利用有點土氣的首飾，或剛睡醒亂翹的頭髮等看似糊塗的「不完美」行為，來拉近距離感。稍微打開襯衫扣子，有點衣著不整的感覺，也會有同樣的作用。
須田，妳來教她們怎麼工作。
是…是的。
須田結
魅生堂員工　派駐浦地分店
指
咦？圓香！還有新人，妳們也被派到這裡？為什麼？

說來話長。往後請多指教。
我叫蝶野，請多指教。
請多指教！
人手增加，真是得救了！
要把廣告單裝入信封及寫上寄件人的數量很多，麻煩你們了。
這是怎麼回事？一般不是都外包嗎？
實在太沒效率了！
這裡不比總店，沒有預算，沒辦法呀！
妳們在幹嘛？不要光動嘴巴，要動手！
好的…
魅生堂
MI SEI DO

相田小姐！昨天結束後發生什麼事了嗎？
什麼事？
妳還問什麼事？今天她們兩個人不是都沒來上班嗎？
我怎麼會知道？她們八成是宿醉吧！我昨天可是好好照顧她們了喲！
我來照顧她們吧，晚安！
真令人擔心，我也一起幫忙吧！
咦？你的眼神很可疑…你說要幫忙照顧，該不會是對我有什麼企圖？
我…怎麼可能會有什麼企圖？
看吧，竟然生氣了，越來越可疑。
妳誤會了！好吧，那就拜託妳照顧她們，我先回去了。

把她們交給我吧！晚安！
那就有勞妳了！晚安！
凝事的傢伙走了。好！接下來把她們…
卡拉OK
唔~我不能再喝了。
妳們就安~心在這裡睡吧！這一攤我請客。呵呵~一覺醒來，你們就進監獄囉！
你們在摸什麼魚！
生田小姐。
本村和蝶野今天請假嗎？
她們兩個無故曠職，被公司懲處調職了。
怎麼會？就為了這個理由？這是怎麼回事？

別人捅出的簍子，不要多管閒事，才是聰明人喔！
調職是怎麼回事？調到哪裡？
就是總店後面的浦地分店，
人稱——監獄。
那麼，這一堆廣告單就平均分成三堆…
等一等，三個人均分同樣的工作，反而沒效率。
咦？
不妨分成折廣告單、裝信封和謄寫寄件地址的工作。
折
裝
寫

根據科學管理之父泰勒的說法，像這種瑣碎的作業流程，
與其一個人去熟練全部的細節，不如以帶狀分工，把作業流程拆開分工，效率更好。
圓香還是跟往常一樣，做事情特別有一套呢！
總之，就照本村小姐說的去做吧！
否則那個店長又要發飆了。
嗯嗯，我懂我懂。真令人不敢相信呢！
點頭如搗蒜
還有啊…
店長正和客人談得很熱烈呢！
光看他拼命點頭回應的樣子，我脖子都痠了…

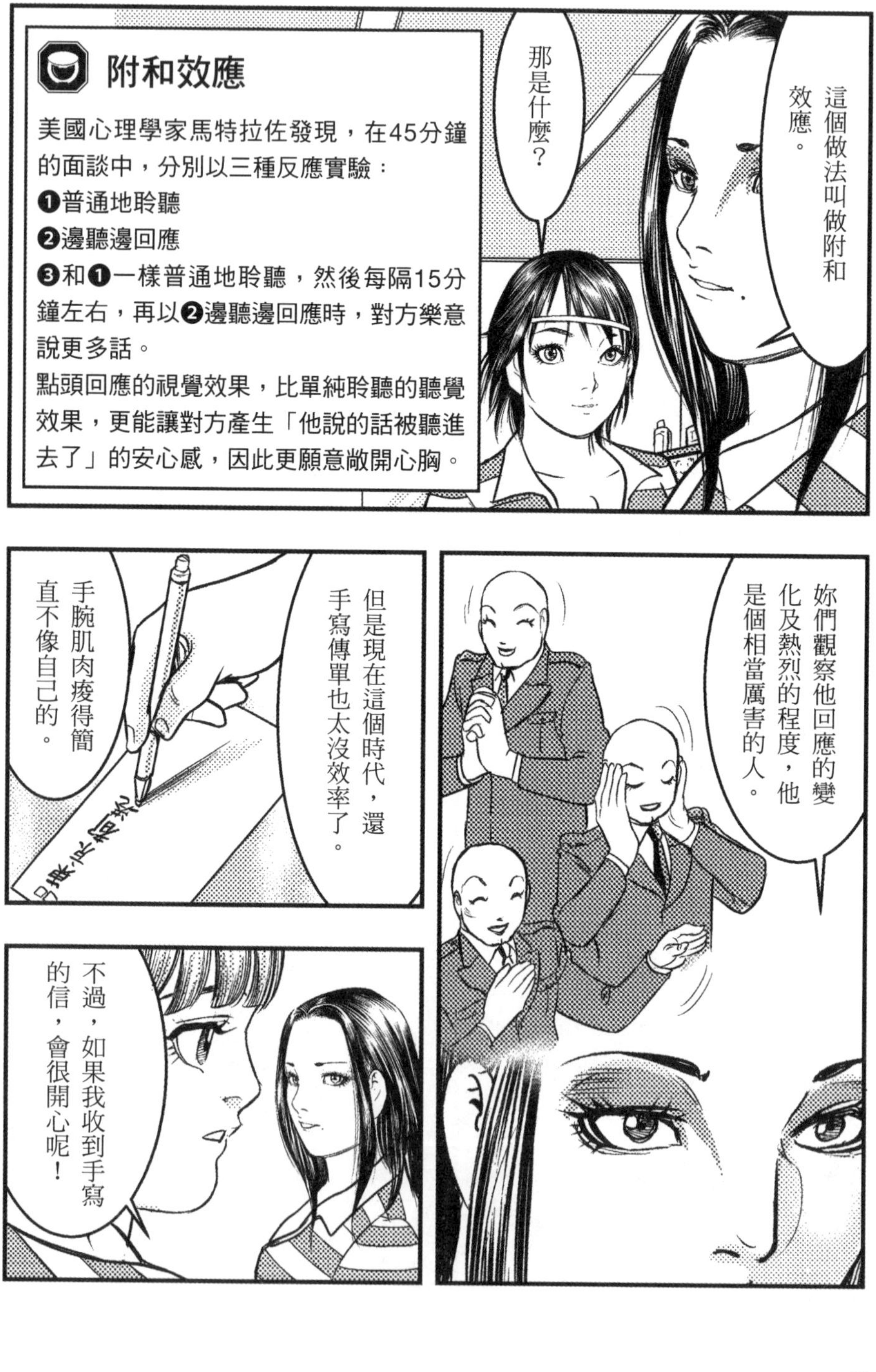
這個做法叫做附和效應。
那是什麼？
附和效應
美國心理學家馬特拉佐發現，在45分鐘的面談中，分別以三種反應實驗：
❶普通地聆聽
❷邊聽邊回應
❸和❶一樣普通地聆聽，然後每隔15分鐘左右，再以❷邊聽邊回應時，對方樂意說更多話。
點頭回應的視覺效果，比單純聆聽的聽覺效果，更能讓對方產生「他說的話被聽進去了」的安心感，因此更願意敞開心胸。
妳們觀察他回應的變化及熱烈的程度，他是個相當厲害的人。
但是現在這個時代，還手寫傳單也太沒效率了。
手腕肌肉瘦得簡直不像自己的。
不過，如果我收到手寫的信，會很開心呢！

妳的想法這麼正面，真令我羨慕。
嘿嘿…
啊！時間到了，我們下班吧！
可是…
咔噠
喂！妳剛剛說什麼？工作不是還沒做完嗎？那些工作沒做完怎麼能回去？真是傻瓜！
嘀咕
不會吧…？
嘀咕
MI SEI DO
正路，我想謝謝你昨天的幫忙，今天有空嗎？
謝謝妳的好意，不過今天剛好…
你看起來好像有點沮喪？

不介意的話，能告訴我嗎？說不定我能幫得上忙…
真的嗎…城戶小姐，謝謝妳。
那麼，待會兒我等你。
好，我先回去忙了。
麗奈殿下，做得好！
順利通過第一關了！
你今天看起來似乎很消沉，工作遇到什麼問題了嗎？
不是，不是我個人的事情。

只不過，我很擔心本村和蝶野她們。
所以你才…可是你又沒做錯什麼。
但是…如果我昨天也留下來照顧她們的話…
你真體貼。
不過，她們兩個不會有問題的。監獄也有其他同事…不會沒同伴。
什麼？妳剛剛說監獄？妳是指…浦地分店嗎？
糟了！不小心說溜嘴，我真是的…
嗯…是啊，不過，只是人家習慣以監獄稱呼。
這個稱呼有什麼原由嗎？
嗯，外觀有點像監獄…

城戶小姐，請多告訴我一些監獄的事。
逼近
你…靠得太近了，正路。
啊，真希望就這麼吻下去。
呃，監獄…和總店不同，經常要加班。
是嗎？所以她們現在可能還在公司？
嗯，八成還在工作吧？
唉！我到底在說什麼啊？
城戶小姐，很抱歉。我突然想起來有急事。
站起
？
咦？你要先走嗎？你的拿鐵還有剩…我也還沒喝完…
謝謝妳傾聽我的煩惱，改天再向你道謝。

我先走了。
再見，正路…
離開
為什麼這種時候，我得一個人孤零零待在這裡…
沮
喪
叮鈴鈴
叮鈴鈴♪
寄件人 jwa55a-nao@xx.ne.jp
收件人 城戸麗奈
麗奈♡
九點左右在老地方碰面，很期待見到妳！
話說回來…看正路的態度，絲毫不把我放在眼裡。
…
我也不是整天都有閒工夫陪他…
這裡…就是監獄？

開門
抱歉，打擾了！
歡迎光臨！唉呀！來了個帥哥呢！
啊，正路！
你怎麼會來分店呢？怎麼了？
妳還問我怎麼了？
妳們突然被調職，我當然會擔心啊！
你人真好，讓你擔心了，抱歉。

哦，原來你就是正路，竟然特地跑來這裡，還真有情有義呢！
你好…我是正路。
妳們等一下有時間嗎？
可以，但今天不要喝酒了。
當然，我頭還在痛呢！
可是，工作還沒做完…
苦苦哀求
妳那是什麼眼神，簡直就像討飼料吃的小貓！
沒辦法，今天是第一天，看在帥哥的份上，妳們可以下班了。

不過，改天帥帥小哥要陪人家吃飯喲！
呃…太近了！
好的！
逼近
謝謝店長！
開門
我們去換衣服，你在後面稍等一下。
好。
嗯…話說回來，總店的大少爺來這裡有何貴幹？
你…怎麼會，你聽誰說的？
奪門而出
祕、密♡
再見！

我永遠都會等你來，要不然，乾脆把你調來這裡好了！
你是我的菜喲！
誰在那裡？
！
什麼嘛！原來是正路…你在這裡幹嘛？該不會想偷窺？
不是的。我在等三個人。

我在這裡好像會打擾你們，我還是從正門過去吧！
等等，生田小姐！
妳來浦地分店有什麼事呢？
和你無關的事情。
倒也不見得呢！這家分店充滿了謎團。
被大家叫做監獄…初次見面的店長卻對我的事瞭若指掌…
！
應該是有人到處討論你的事吧？
？

有「人」？是哪個人呢？
要不然就是你樹大招風吧。
我只是一個普通的新人。
哼！
迅速轉身
……
讓你久等了。
啊！
怎麼了？正路。
不，沒什麼。

怎麼回事？這股不對勁的感覺…
我們走吧！
等等，我有事想拜託藺子。
好啊，什麼事？
哇，被他直接叫名字，真害羞。
瞄
騷動
不安
騷動

心理技巧大補帖

拉近距離效應

穿著打扮時，利用有點土氣的首飾，或剛睡醒亂翹的頭髮等看似糊塗的「不完美」行為，來拉近距離感。稍微打開襯衫扣子，有點衣著不整的感覺也會有同樣的作用。

附和效應

美國心理學家馬特拉佐（Joseph Matarazzo）發現，在45分鐘的面談中，分別以三種反應實驗：

❶普通地聆聽

❷邊聽邊回應

❸和❶一樣普通地聆聽，然後每隔15分鐘左右，再以❷邊聽邊回應時，對方樂意說更多話。

點頭回應的視覺效果，比單純聆聽的聽覺效果，更能讓對方產生「他說的話被聽進去了」的安心感，因此更願意敞開心胸。

人氣王的心理戰略3-1　拉近距離效應的應用

角色賦予性格

適度的衣著不整，以「不完美」來拉近距離感。
即使只是「角色扮演」也會對人的個性產生影響。

就算只是「模仿」，人們也容易陷入角色而改變個性

雖然人都有天生的個性，不過，環境也會對人格造成各種影響。即使只是「模仿」，一個人所處的環境或擔任的角色，也會使個性產生很大的變化。

美國心理學家菲利普・津巴多（Philip

對象

部下	頭銜就已經使你占上風，所以時常以友好的態度來提升部下對你的好感。
同事	如果能取得小組領導地位，共同決策時或許就能占優勢。
異性	在愛情中每個人所渴望的關係因人而異，看穿對方的個性極為重要。

關鍵

人只要擁有權力或頭銜，就容易在不知不覺中濫用，不要忘了自制，避免給別人增添困擾。

津巴多的監獄實驗＝人的內心會受角色影響

在津巴多的模擬監獄中，受試者分為獄卒和囚犯兩組，結果發現受試者在監獄實驗所表現的行為，和真實監獄的情況並無不同。

獄卒

即使沒有指示，仍會自行採取對囚犯的懲罰。

囚犯

如同實際進監獄服刑的犯人出現服從的反應。

一般人被賦予特殊頭銜或地位時，就會下意識採取適合的行為。例如，上司和部下。和有上下關係的人長久相處，就會產生和原本性格無關的壓制感受，所以最好保持適當距離。

Zimbardo）透過實驗，證實了這個理論。他招集了幾個普通的大學生，進行一個模擬監獄管理的「史丹佛監獄實驗」（Stanford prison experiment）。將參加實驗的大學生分為獄卒和囚犯兩組，並讓他們依照扮演的角色穿上制服。接著，要求扮演囚犯和獄卒的人都模擬真實監獄的情況生活，觀察環境對人的影響。

結果，這個實驗進行到一半被迫中斷，因為實驗受試者過度融入角色，醫師判斷繼續實驗將會發生危險。

雖然扮演囚犯及獄卒的大學生，都明白監獄中的生活只是「實驗」，但隨著實驗的進行，獄卒卻開始虐待囚犯；囚犯呈現出卑屈、戰戰兢兢的態度、無精打采的樣子，這就是環境及角色對人所產生的巨大影響。

人氣王的心理戰略3-2　拉近距離效應的應用

保持距離的效果

一開始成功塑造好印象，接著暫時保持距離不碰面，對方會擅自把你的形象理想化

留下良好的第一印象之後，不見面反而能加深好感

有時為了和交易對象拉近距離，因而頻繁地拜訪，卻造成反效果，被認為動機可疑，反而偶爾碰面的人比較受歡迎。造成這個差異的原因是什麼呢？美國俄亥俄州立大學的調查結果，解答了這個問題。

對象

客戶

太過深入私人領域的對話會很失禮，建議積極運用這個技巧。

異性

剛認識不久時，這個技巧能有效讓對方留下印象。如果一開始就是遠距離戀愛，這個效果能使戀情長久持續。

關鍵

對於身邊的同事或主管派不上用場。用在見面不是很頻繁的客戶或朋友身上，最能發揮效果。

因「無法見面」的效果而美化對方

無法見面會發生什麼樣的效果呢？美國俄亥俄州立大學調查遠距離戀愛中的情侶的結果：

分隔兩地的情侶　　　　頻繁見面後

你在做什麼呢？
好想快點見面！
以前比較好
印象不一樣

分隔兩地的男女，把對方理想化的傾向高達20%。

變成非遠距離的戀愛後，分手比率高達30%。

這個實驗調查許多相隔兩地的情侶，想了解因為距離因素無法時常見面，對兩個人的戀情會造成什麼影響。結果發現，異地戀的情侶美化對方的比率，比一般情侶高了二○%，然而，當相隔兩地的情侶開始能頻繁見面後，發現對方和想像有差距，因而分手的比率高達三○%。

對不常見面的人形象美化，在生意場合同樣會發生。因此，當你在客戶心中留下良好的第一印象後，接著不妨暫時保持距離。

這麼一來，你在對方心中的印象將會被好好地理想化。不需要頻繁去拜訪，工作也更有效率。頻繁拜訪反而可能使對方察覺美化的印象和實際情況有落差，所以應當注意。

人氣王的心理戰略 3-3　附和效應的應用

姿勢的影響力

適度附和能表現出「我正在聽你說」，提升對方對你的好感，而說話時的姿勢，比內容更具有說服力。

不同姿勢，也會造成說服力的差距

傳達想法給別人時，不僅是言語，人的動作或姿勢變化，也會帶給對方不同影響。溝通時，你當然可以從對方的肢體語言觀察到一些訊息，相對的，你的姿勢也會使對方在無意識中接收到你的訊息，這就是「非語

對象

對象	說明
部下	善用姿勢讓部下覺得你是「認真聆聽的主管」，留下好印象。
客戶	在關鍵時身體前傾的姿勢，能表現出誠懇和熱情。
異性	利用前傾的姿勢，說出「必殺句」，信任感將會大增。

關鍵

身體往後靠，往往會給人傲慢自大的印象，最好要避免。

談話姿勢給對方的影響

心理學家凱利實驗三種坐姿對於說服力的影響

採取A、B、C種不同坐姿，講述一樣的內容，結果A最具說服力，比起正坐直視對方的眼睛，稍微前傾能給對方好印象，更有說服力。

言溝通」。

美國心理學家凱利（Carly K.Peterson）曾經進行一個實驗，她坐在受試者們對面，分別採取三種不同坐姿，講述同樣的內容來說服他們。

這三種坐姿，第一是「前傾」，第二是「正坐」，第三是「背往後靠」。實驗結果顯示第一種前傾的姿勢，最具說服力。

以心理學來看，「姿勢前傾」就是發出對對方感興趣的訊號。你應該也有過這樣的經驗吧，聽到有趣的內容時，身體不自覺地往前。從交談對象的前傾，可以感受到對方高度的熱誠及關心。相反的，第三種往後靠在椅背上的姿勢，容易給人惡劣、興致缺缺的印象，也欠缺說服力。

實踐 心理學可使用的情境

A想和B公司的客戶簽約，所以運用前傾姿勢來表現誠意。

A：因為B公司是我們重要的客戶，所以現在給您兩成的折扣！

B：實在很感謝你。但是……

A：（還少了什麼呢……？
再推一把，展現我的誠意吧！）

關鍵 說到關鍵的時候，身體往前傾，讓所說的內容重點更分明。

採取前傾姿勢

A：我會盡全力為您服務，請您務必好好考慮！

重點 身體前傾時，聲音容易聽不清楚，所以要比平常更大聲，發出清晰的聲音。

B：我知道了，我會積極考慮看看！

第4章
以頭銜和傳言
巧妙操控人心

我有一件事想拜託繭子。
好啊，你說。
咦？妳不先問什麼事就一口答應嗎？
為什麼？
搞不好是很危險的事…
所以，是什麼事呢？
我們先換個地方再說…
羅奇亞 西餐
好了…你到底要說什麼？
我找妳們來是有原因的…

我想幫助妳們離開監獄。
可是這事和你無關啊，為什麼？
也不是完全無關，我…
其實我是魅生堂會長的兒子。
突
然
什麼？會長的兒子！
原…原來如此。
你剛剛說的危險…到底指什麼，真讓人在意。
如果是真的，為什麼你現在才說？
我本來不打算說出來的。

唉呀，明明說了能產生背光效應，對你比較有利。
背光效應
學歷、家世、公司名稱等具有良好評價的背景資訊，對於個人評價能產生的正面影響。
類似的月暈效應，則是不論正面或負面資訊，一開始獲得的資訊會左右對一個人印象。
我就是討厭這樣，所以才不想說。
……
我討厭因為頭銜而只能被籠罩在父親的光環下。
總之，這群人瞞著監獄的事情，實在太可疑了。
咚
監獄到底是為了什麼而成立？為什麼大家會被調動到那裡？我想徹底調查清楚，停止不法的勾當。
我知道了。

不管你是出於正義感還是愛護公司的精神，反正我也希望盡快從那裡脫身，所以我會幫你。
沒錯，我也想離開那裡。
須田小姐為什麼會被調到監獄？
據說是因為有很多客訴，但我根本毫無印象。
我突然被叫到會議室，像個犯人接受審判，然後就被調到監獄了⋯
妳問了他們客訴的內容嗎？
他們沒說任何具體的例子⋯
唉呀，跟我們的情況完全不同。
我們在生田小姐的怒吼聲醒來時，人就在卡拉OK了⋯

根本沒經過什麼審判。
這就是審判？所以也沒人清楚調到監獄的標準是什麼？
總之，我得到的資訊實在太少了。
所以，我想拜託繭子幫忙！
我希望妳潛入社長室將重要情報拿到手！
看看能不能掌握什麼裁判記錄或證明他們違法的證據。
什麼！要我擔任這麼重大的任務…
四樓社長室的職員，很清楚一樓有哪些女職員。
不過，繭子剛進公司，所以大部分的人還不認識妳。

要妳去社長室的原因，是因為會長。也就是我父親和社長的派系之爭，社長派掌握了過半數的董事，公司多數的事情和決策都瞞著會長。
浦地分店應該就是其中之一。
對立
如果其中真有什麼祕密，我想應該就在社長室。
原來如此。
而且，社長防備心很重，沒有雇用專任祕書，所以只能趁社長離開辦公室的時候…
利用這個機會把機密情報拿到手對吧？
明天會長派有一位董事要到浦地分店視察，我會拜託他讓我一起同行。
你要來監獄…
我會藉機提出要求，因為我不在總店，所以讓同樣是新人的繭子，暫代我的工作。

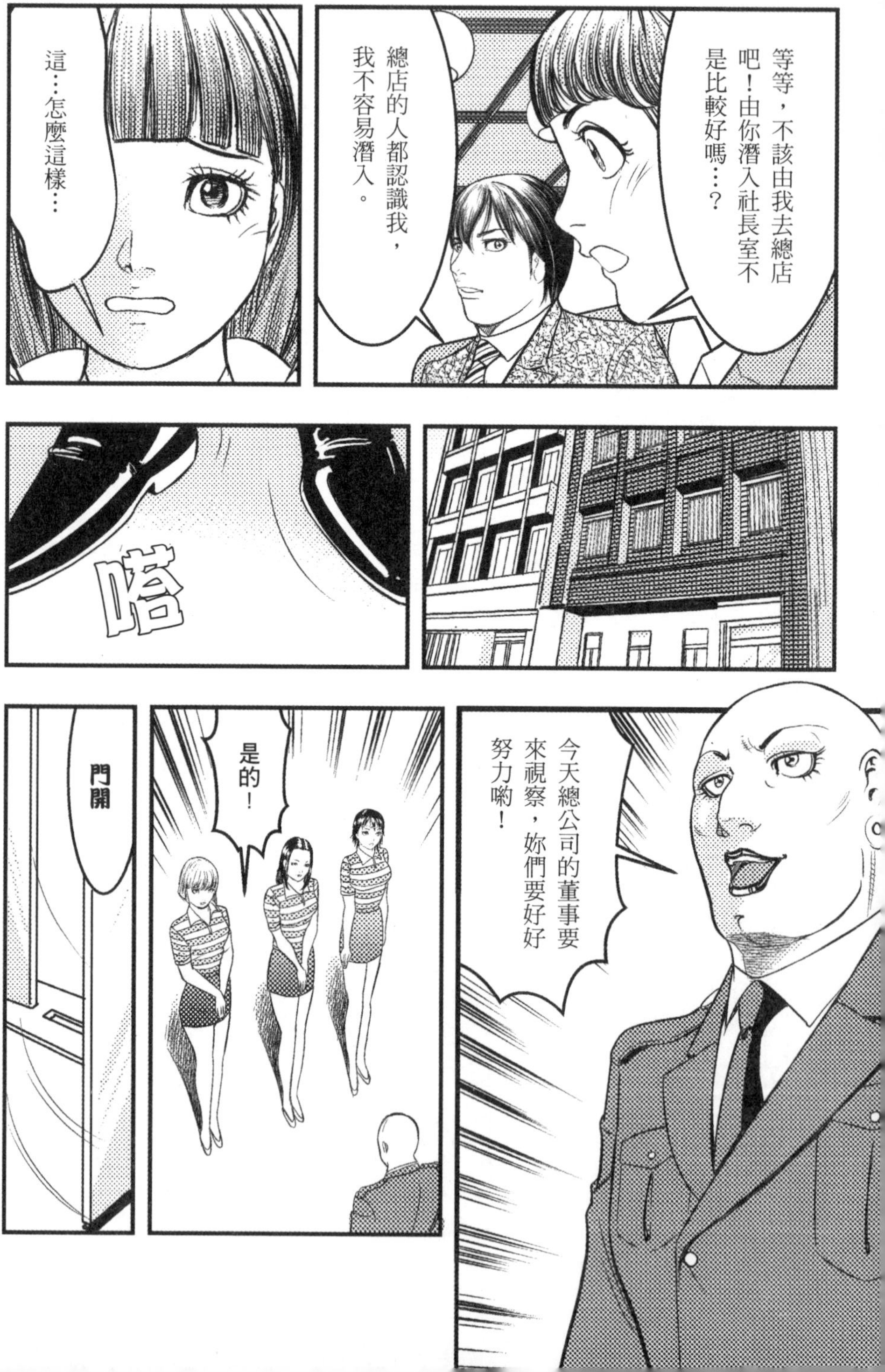
等等，不該由我去總店吧！由你潛入社長室不是比較好嗎…？
總店的人都認識我，我不容易潛入。
這…怎麼這樣…
嗒
今天總公司的董事要來視察，妳們要好好努力喲！
是的！
門開

大家早！
突然
哎呀！小田部長，好久不見。希美有沒有給您添麻煩？
生田小姐非常優秀，她在現場也表現得很出色。
我今天陪同小田部長來這裡觀摩，請多指教。
哎喲！你再次大駕光臨，我很開心呢！
雖說是觀摩，但其實我希望能在現場研修，所以有任何事請儘管吩咐。
鞠躬
哎呀，可以嗎？雖說是研修，但你可不能小看這裡喲！
這…這樣，總店會不會人手不足？我可以去總店支援。
蠢貨！妳胡說什麼！當然不行！

失敗了？
這裡。不過…難得小田部長來，我有個好主意。
？
妳，過來一下。
是的。
聽好了，妳去總店，去把庫存不足的用品拿來。還有，一定要找生田希美經理，問她放置用品的場所，然後跟她說小田部長叫她過來。
喃喃
小田部長？
那孩子很愛慕小田部長，身為父親，當然希望女兒能幸福嘛！
什麼！你是她父親！
死相！我也真是的！總之，我剛剛說的妳都懂了嗎？妳照著做的話，就能在總店幫忙沒關係喲！

是，是的。
還有，絕對不要說是我的安排，那孩子不喜歡這樣。
敬禮
好的！我這就過去總店！
蝶野，一切拜託妳了！
MI SEI DO
喂！妳在這裡幹什麼？
啊，生田小姐，妳來得正好。

浦地分店的用品不夠，所以我過來拿。
只是拿用品，妳為什麼要換總店的制服？
雖然只是跑腿，但我想穿不一樣的制服，反而會給總店帶來困擾。
原來如此。
對了，還有，小田部長在浦地分店，他說想見生田小姐…
小田部長？
妳怎麼不早說？用品我送過去。需要哪些呢？
這是明細。
還有，正路先生也在浦地，所以總店人手會不會不夠…
既然妳制服都換好了，妳就代替正路的工作吧！
好，我知道了！
太好了，成功了！

妳們真的每天都做這些工作？這不是只要用電腦就能一下子完成嗎？
寫
寫
寫
寫
寫
這裡沒預算呀！
砰
吁
吁
吁
吁
生田小姐？怎麼了？
我聽說小田部長找我，我正好要拿用品過來，所以就急忙跑來了。
什麼？我找妳？
哎呀，妳來得正好！幫我一個大忙。
來得正好，和小田部長一起吃中飯吧。
嘀咕
店長…該不會？
討厭，不是我！是巧合啦！巧合！
你…
雖然不知道這是怎麼回事，反正我肚子也餓了，生田小姐，我們就一起吃飯吧！

沒想到竟然飛奔而來呢！
因為是由蝶野小姐轉告，所以生田小姐輕易就相信了。
這就是溫莎效應的威力呢！
溫莎效應
從乍看之下毫無關係的第三者所聽到的訊息或傳言，比直接從本人那裡聽到的話更容易採信。不論讚美或批評的效果都會加倍。
由店長直接說可能不會相信，但透過第三者蝶野小姐轉述，反而可信度增加。
那麼…我們先去吃飯了。
請慢走~
話說回來，她的心情根本全寫在臉上。生田小姐喜歡小田部長…
可是他們兩人的關係，令人有點好奇呢。
那麼，我們也去吃中飯吧！
！
咯

等等，午休要一個一個輪流，知道吧？
！
那麼，我先去吃飯了。
嗯。
義大利餐廳
潘朵拉
好久沒像今天這樣聊天了呢！

的確。妳現在的表現相當出色。
不敢當。多虧小田部長的指導有方。
臉紅
聽說最近浦地分店增加了不少人員，是妳的安排嗎？
是的…這是為了導正不守規矩的員工而執行的必要措施。
生田小姐，以前妳是我的部下，
我現在仍然認為妳是我重要的部下喔！
真是不敢當…對我來說，部長現在也仍是我的部長。
既然這樣，我問妳，妳現在搞出這種下流的監獄遊戲，是為了誰？
銳利

!!
!
那…那是…
妳剛剛說現在還把我當妳的部長，所以妳現在的所作所為都是照著我的意思嗎？
啊…這樣的責備…
部長…我…啊…
妳好好想一想！究竟誰才是適合妳的主子。
咔嗒
……
……

呼呼
顫抖
什麼嘛！這兩個人…到底是怎麼回事？
被對方說了那麼屈辱的話，生田小姐卻露出那種表情…
啊…啊
魅生堂銀座總店四樓
魅生堂的頂樓是大會議室、社長室及會長室。
魅生堂
MI SEI DO
總算來到頂樓了。
東張
西望
再來就是找到社長室…

喂，妳在這裡做什麼！
!!
呃…那個，社長叫我到社長室…
慌張
慌張
真是的！社長真是傷腦筋。
盯
這樣啊，既然這樣，麻煩妳順便幫我拿給社長。
遞
好的。
太好了！這麼一來，我就能光明正大進去了。
社長室
咔嚓
嗚…
快步
！

那就是社長？
迅速
咔嚓
咔嚓
怎麼搞的？鎖不起來！
咕嚕嚕嚕
嗚…
不行，忍不住了！
咕嚕嚕嚕
八成是拉肚子…接下來要正式上場了，要冷靜！
嗒
嗒
嗒
？

1. 譯注：日本專用手機是介於傳統手機與智慧型手機之間，有拍照、攝影等功能，但只侷限在日本國內使用的多功能手機。

!!
社長，抱歉。
迅速
咦？社長？
安—靜—
放入
不會吧？怎麼辦？這種狀況下，我要用什麼理由推卸責任？

心理技巧大補帖

背光效應（Halo Effect）

學歷、家世、公司名稱等具有良好評價的背景資訊，對於個人評價能產生的正面影響。企業商品的廣告請明星代言，也是利用明星的外貌或好感度，企圖為商品帶來良好印象。

月暈效應（Halo Effect）

一件事不論好壞，都會左右個人的整體印象。對於有好印象的人，因為看到一個壞習慣，而打壞了原本的好印象，則是「負面月暈效應」。

溫莎效應

從乍看之下毫無關係的第三者所聽到的訊息或傳言，比直接從本人那裡聽到的話更容易採信。這是利用了人們的誤認心理：「這是多數人都知道的訊息」，因此不論讚美或批評的效果都會加倍。

人氣王的心理戰略4-1　背光效應的應用

自我擴張理論

缺乏自信的人，藉著持有名牌商品，利用名牌商品的「力量」加持，因而擁有自信。

缺乏自信時，可以藉由持有物品加強自信

擁有自信看似簡單，其實比想像中困難。過去累積的成績或擁有的物品能形成一個人的「自信」。即使是難以預料的未來所發生的事情，倘若有自信，就能產生面對的勇氣。無論如何都難以有自信的人，

對象

上司	穿戴比上司更高級的用品會招來反感，要適可而止。
客戶	客戶如果特別講究手錶或領帶等物品配件，應該給予讚美。
異性	炫耀身上的穿著用品，會留下壞印象，要適可而止。

關鍵

擁有高級品能帶來自信。讚美對方擁有的高級品，能夠帶來良好的評價，不妨積極運用。

自我擴張＝身外之物也能帶來自信嗎？

「自我擴張」是指當事人所持有的物品，也會被視作自己的一部分。
透過這個方法，缺乏自信的人也能輕易建立信心。

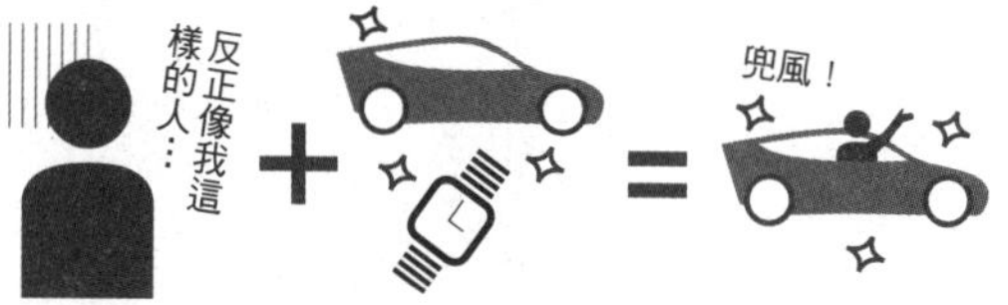

莫名地缺乏自信

利用身邊昂貴的手錶或汽車，對當事人的自我評價產生劇烈變化。

因為擁有原本和自己無緣的物品，因而產生自信。

能提高自信的事物

- 家世、學歷等資歷背景。
- 昂貴的服飾、汽車等物品。
- 體面的容貌等外在條件。

只要運用「自我擴張理論」（self-expansion theory），就能立即產生自信。

個人所擁有的物品，比方說愛用的鋼筆、手錶也是自己的一部分，這就是自我擴張理論，持有良質的物品能有效提高自身的價值。

高級名車或名人朋友，原本與個人實力無關，但是這些物品或和他人之間的關係，也能為實力加分。稱呼只有一面之緣的名人為「好友」，能產生自己也同樣厲害的錯覺，因而擁有自信。

這個效應不僅能用在自己身上，也能用在他人身上。例如，讚美重要的生意對象，或心儀對象持有的物品，小小的行為就能讓喜愛所持有物品的人，認為「我被稱讚了」，因而對稱讚的你留下好印象。

人氣王的心理戰略4-2　溫莎效應的應用

情緒一致性處理

人的情緒和記憶有很深的關聯性，
了解情緒和記憶的關係，也能達到操控他人的目的！

感到幸福時，容易記住正面的訊息

在心理學的領域中，一直有許多人熱衷於大腦記憶的研究。

二〇〇五年獲得美國國家科學獎的戈登・霍華・鮑爾（Gordon H. Bower），也針對人類記憶加以研究。

鮑爾擬定的研究假設是，情緒（感情）

對象

朋友	「當時，那件事……」基於共同擁有的記憶，友誼也更深刻。
同事	如果要說一些關懷的話，當同事發生好事的時候，就是好機會。
異性	吵架時如果接二連三地想起壞事，可能會導致提出分手，必須特別注意。

關鍵

心情不好時，當然會只想到一些不愉快的事。記住這個道理，避免一再翻舊帳。

大腦的記憶和情緒研究

根據美國心理學家戈登·霍華·鮑爾的研究，人的情緒和記憶與當時的情境息息相關。

幸福的記憶	討厭的記憶
感到幸福時，容易記住正面的事情，對負面的事情比較沒印象。	心情覺得厭煩時，傾向記住負面的事情，即使發生正面的事情也不容易記住。

吃美味的食物時，對一起共享美食者的好感也會自然提升，人們大腦具有「連結網路」，氣氛和情緒相互連結成記憶，對於有共同良好體驗的人，也會抱著正面情緒。

和資訊（發生的事件）會在大腦中交雜，被一同視作記憶來處理。

所謂情緒和資訊同時被視作記憶處理，就是覺得幸福時，傾向回想過去的正面經驗；但相反的，陷入不幸的心情時，容易回想負面的經驗。當然，覺得幸福時，容易記住正面的訊息，反之亦然。

當人發生不幸的事，沉浸在悲傷情緒中，又觀看了悲劇電影，悲傷的情節連細節都會下意識地記得一清二楚，鮑爾把這種現象稱為「情緒一致性處理」（mood congruity）。

當生活一切順利時，心情會產生過去及往後都能一帆風順的感受，相對的，發生不如意的事情時，討厭的記憶常連續不斷地浮現腦海，這就是記憶與情緒的連帶反應。

人氣王的心理戰略 4-3　背光效應的應用

社會比較理論

人們會以頭銜作為判斷標準，去認識一個人的人品。排名也會影響人的判斷。

參考排名再做出決策，讓人比較安心

當你想吃麵包而走進麵包店，但還沒確定要買哪一種麵包，站在琳琅滿目的麵包架前，通常會煩惱不知該選哪一個不是嗎？

難以做出判斷時，銷售排名的存在就很有幫助。如果沒有特別想吃的某個口味，選

對象

客戶	積極運用「暢銷排行第一名」等關鍵字，能有效給對方好印象。
上司	顯示一下「業界第○名等」等權威，自然增加說服力。
異性	約會時的店家，挑選排名好的店家能成為談話題材。

關鍵

記住，猶豫不決時，不妨參考排名作為判斷的依據。

社會比較理論
＝藉由比較，證明自己做了正確選擇

任何人都希望能做出正確的評估，這時候，往往會選擇和自己相似的團體作為比較對象，從自己位於團體的哪個位置，衡量適合的行為或選擇。

缺乏比較對象時容易感到不安

該挑哪一個呢？
真為難…

看起來很好吃的麵包雖然琳琅滿目，但是因為看起來都很好吃，無法決定要選哪一個。因為無法評估，而處於難以決定最佳選擇的狀態。

有比較對象時就會安心

第一名
第二名
第三名
第三名看起來很好吃，就決定這個！

有暢銷排行參考指標，就能知道和自己在同一團體的人，傾向選擇哪一個商品，只要所挑選的商品在前幾項排名中，就能安心選購。

擇多數客人評價「美味」的商品，是人之常情，也是相對安全的決策。

只考慮「想吃麵包」，沒有決定想吃什麼麵包，屬於「非計畫性購買」。非計畫性購買的客人，特徵是傾向盡可能選擇不會踩到地雷的商品。為了避免挑到CP值低的商品而「吃虧」，從有參考基準的排行榜挑選比較安全。因為從排行榜選擇，至少可以獲得選擇人氣商品的滿足感。

在同一個團體（這裡是指進入同一家麵包店的顧客）中，經由比較排名來確認自己處在哪個位置的欲望，稱為「社會比較理論」（social comparison theory）。

人氣王的心理戰略4-4　溫莎效應的應用

間接暗示話術

面對面難以說出真心話時，使用間接暗示話術，在不傷害對方的情況下，委婉說出主張。

對象

部下	指正容易沮喪的部下，可以透過第三者來讓他了解你的用心。
同事	如果個性無法直言不諱，迂迴暗示對方也是一個方法。
異性	以間接暗示拒絕好意時，必須懂得見好就收，拿捏分寸。

關鍵

若無其事地運用間接暗示法影響對方的心理。

叱責第三者，提醒個性膽小的部下注意

職場上，經常遇到必須由團隊小組運作工作任務的情況。站在指揮小組的立場，當小組其中一個成員犯錯時，為了避免工作品質下降，必須立即指出疏失，要求改善。

然而，有些成員個性怯懦，稍微指責就

間接暗示話術
＝對怯懦的部下不直接責罵

想警告部下A「聲音太小聽不見！」但是，A的個性很怯懦，要是被罵，可能工作效率因此降低⋯⋯這時不妨藉機責罵不相關的B，讓A萌生警覺而提醒自己：「我也要注意！」

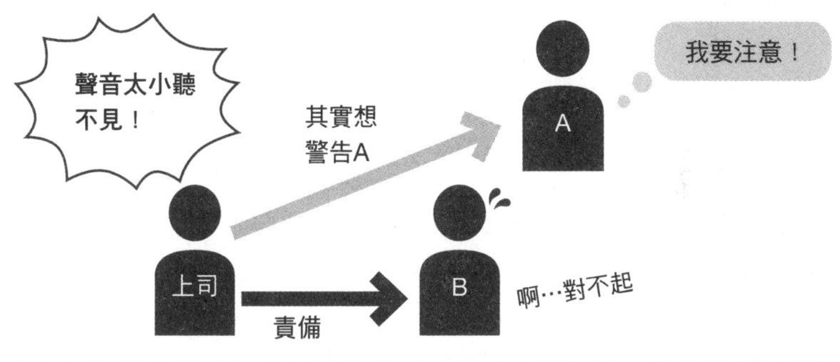

會陷入煩惱不已、退縮不前的狀態，不但無法提升能力，工作表現反而比平時更差。

對於這種抗壓性差的部下，可以利用當事人在場的時候，指責第三者代替指責當事人的「間接暗示法」。

雖然想警告經常遲到的員工Ａ，但是因為員工Ａ動不動就鬧彆扭，所以處理上很棘手。這時候，不妨改為指責遲到的員工Ｂ。

看到這個情況的員工Ａ，就能因而有所警覺「遲到會被罵」、「不想被罵，所以努力不要遲到」。由於員工Ａ沒有直接被罵，所以也不至於因此鬧彆扭。

不過，這個方法很可能招來直接被責備的員工Ｂ反感，所以不要忘了指責員工Ｂ以後，必須妥善處理。

無法直接拒絕時，也可以使用間接暗示話術

一般而言，男性和女性的表達方式及接受方式都不同。通常男性傾向採取開門見山直接說出來，女性則多數採取不清楚說出結論的曖昧表達。

比方說，邀約女性假日一起吃飯時，如果對方表示「假日想在家好好休息，很少外出」，就字面上的意義，可以解釋成對方「不想外出」，但這很可能是女性迂迴暗示：「不想和你約會」。

拒絕時習慣清楚表明「當天沒辦法赴約」、「吃不慣油膩的食物」等明確的理由來回絕的人，對於這種委婉的拒絕理由，可能會樂觀地認為「如果提出其他方案，說不定她會答應」。倘若因此一再誤會，反而會被討厭，最好要避免。

與其直接邀約：「要不要去〇〇？」，不如以間接的方式提出：「聽說最近開了一家〇〇餐廳呢！」如果對方感興趣時，再趁機提出邀請：「一起去看看吧！」也許更能提高成功率呢！

對於容易受傷、心思敏感的人，應該靈活運用間接暗示話術！

第 5 章
談判的成功
關鍵在於
暗示與說服！

討厭，怎麼辦？
是誰進來了？
社長？
蹬
蹬
繼續這麼下去，
一定會被發現。
門也沒上鎖，
真粗心。
不像平時的社長
的習慣啊…
難道是別人…？
慘了…
該怎麼辦？
！
對了！正路說萬一
有突發狀況，可以
用這招！
打到那支手機…

拜託，一定要順利！
嗶
090○xxx6-xx22
撥打
哈哈哈，你說的原來是這麼回事…
社長!?
成功了！
要是被社長發現擅自進來社長室，挨罵就糟了…
疾奔
咦？怎麼回事…？
哈哈哈
趁現在快逃！
聽我說，這個手機的來電鈴聲是社長的聲音，萬一發生緊急情況時可以用上。
好…好的。
迅速

因為正路的細心，所以進社長室前先把手機藏到盆栽裡。
咻
太好了，大功告成。
跑走
妳怎麼會在這裡？有什麼事嗎？
社長您在這裡啊，我有事想找您。
我不能繼續待在這裡了。
先拿回正路借我的手機…
唯一的收穫是拿到社長的手機。
要快點離開這裡才行。
開門

啊！
!!
城戶小姐……
妳怎麼會在這裡？妳在幹嘛？
生田小姐從浦地分店回來以前，我打算忙完樓上的事，就去賣場……
哦？原來如此。店裡有沒有妳幫忙，應該都沒差吧？
哈哈哈……說的也是。
蹬
蹬
生田小姐！妳回來了！

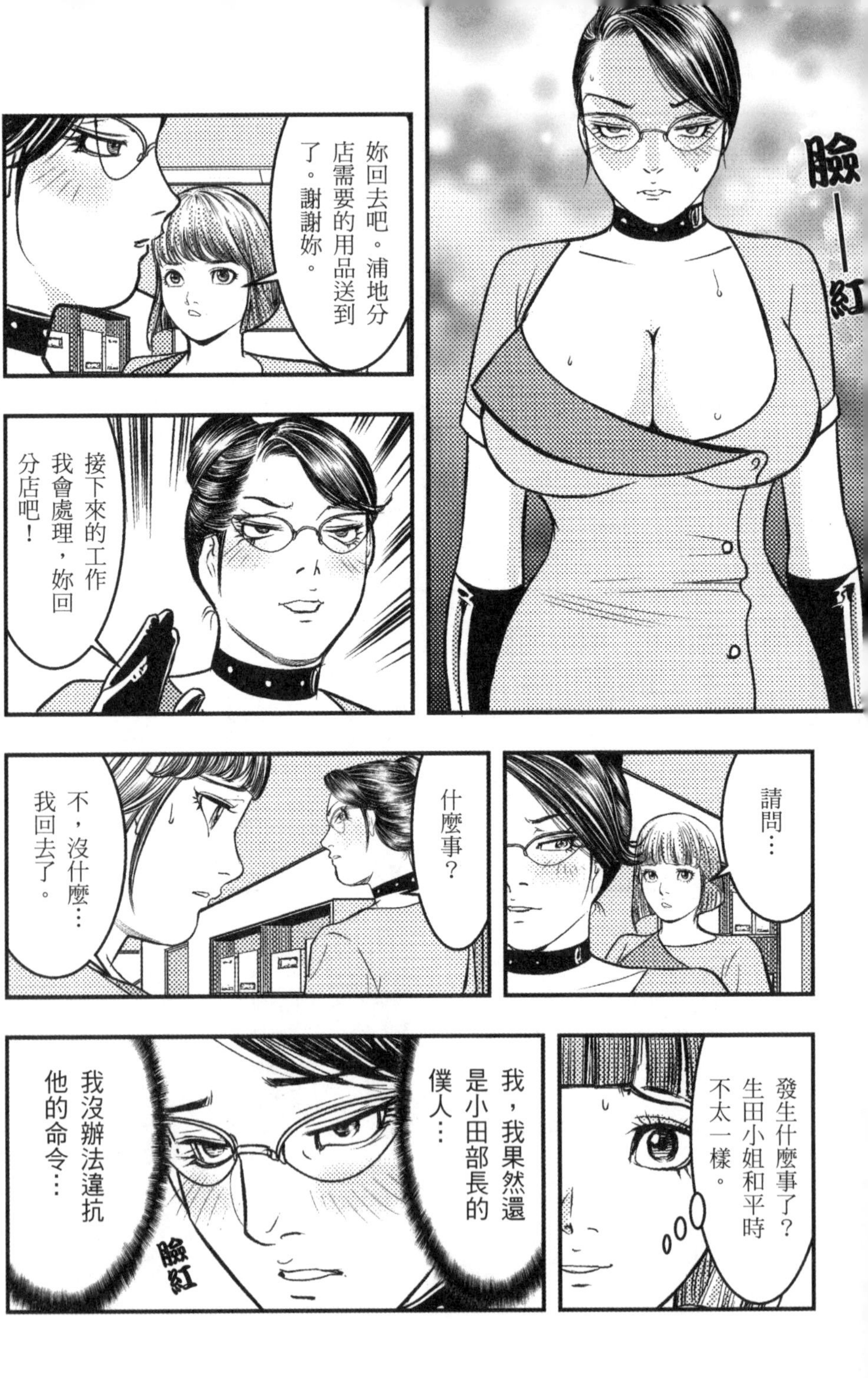
臉—紅
妳回去吧。浦地分店需要的用品送到了。謝謝妳。
接下來的工作我會處理，妳回分店吧！
請問…
什麼事？
不，沒什麼…我回去了。
發生什麼事了？生田小姐和平時不太一樣。
我，我果然還是小田部長的僕人…
我沒辦法違抗他的命令…
臉紅

可是…現在的我已經向麗奈殿下發誓過要對她忠誠了…我究竟該怎麼辦呢？
寫
寫
寫
寫
喋喋不休
喋喋不休
喋喋不休
寫
寫
寫
寫寫
小田部長已經先離開了，正路先生不回去沒問題嗎？
我向小田部長提到浦地分店加班情況密集，所以除了改善，從總店下班後，我還會過來幫忙。

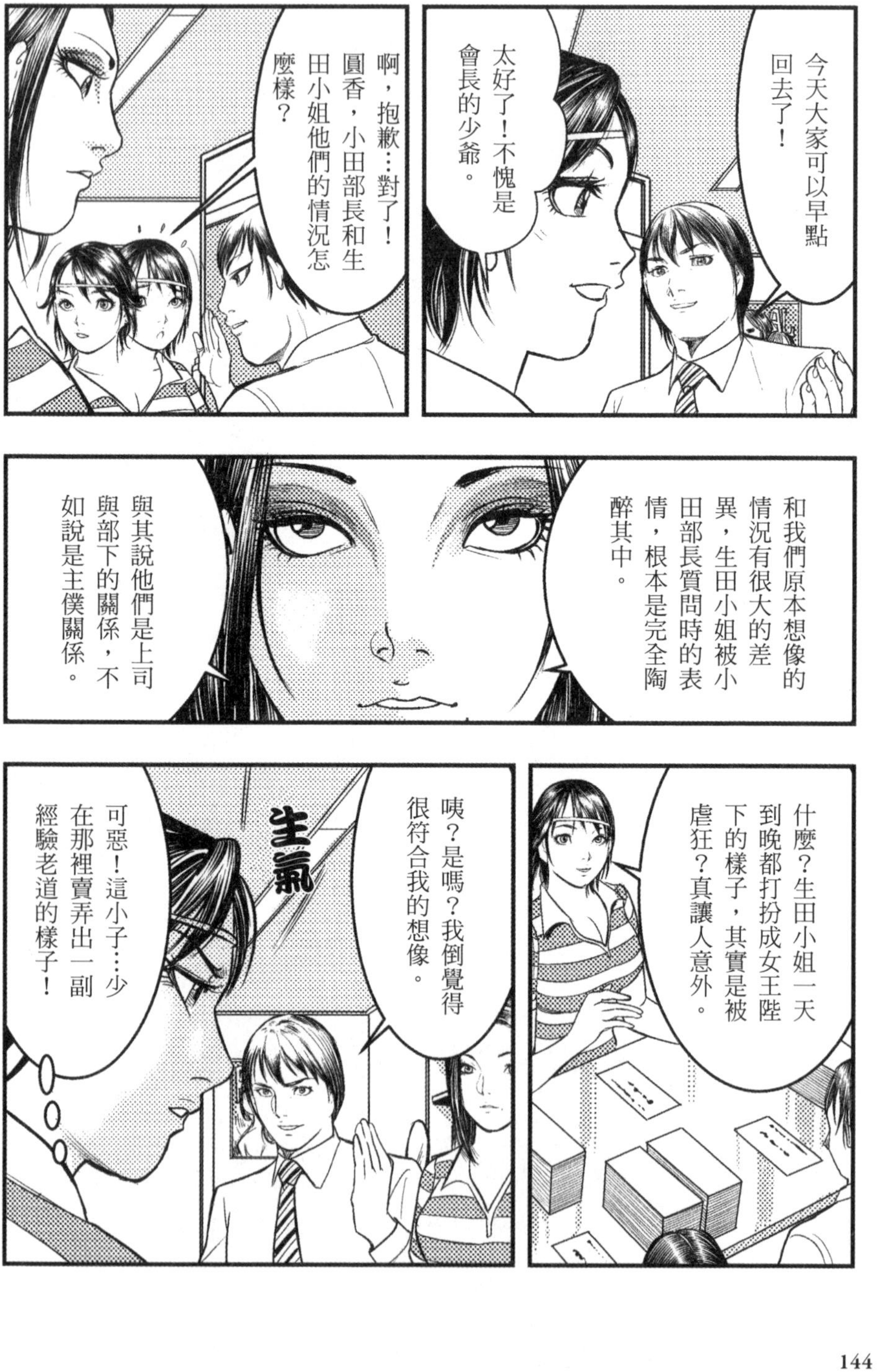
今天大家可以早點回去了！
太好了！不愧是會長的少爺。
啊，抱歉…對了！圓香，小田部長和生田小姐他們的情況怎麼樣？
和我們原本想像的情況有很大的差異，生田小姐被小田部長質問時的表情，根本是完全陶醉其中。
與其說他們是上司與部下的關係，不如說是主僕關係。
什麼？生田小姐一天到晚都打扮成女王陛下的樣子，其實是被虐狂？真讓人意外。
咦？是嗎？我倒覺得很符合我的想像。
生氣
可惡！這小子…少在那裡賣弄出一副經驗老道的樣子！

請您務必再來喲！
今天真開心！
再見囉！
砰！
啊！
我回來了！
哎呀，妳回來了！
抓住
好痛！
妳過來一下。
我有事問妳。
迅速
小田部長總是一副撲克臉，從他的表情完全看不出任何狀況。
？

妳回來就代表希美回去總店了，她看起來怎麼樣？
……
唔…好像跟平時的生田小姐不同，有點心不在焉。
咦？那是怎麼回事呢？是高興還是難過呢？那孩子也真是的。
我還有工作…
快速
離開
真是的，真令人心焦如焚。
辛苦了！
下班後我們分別簡單報告今天的收穫，以及往後的作戰會議吧！
沒問題！
取出

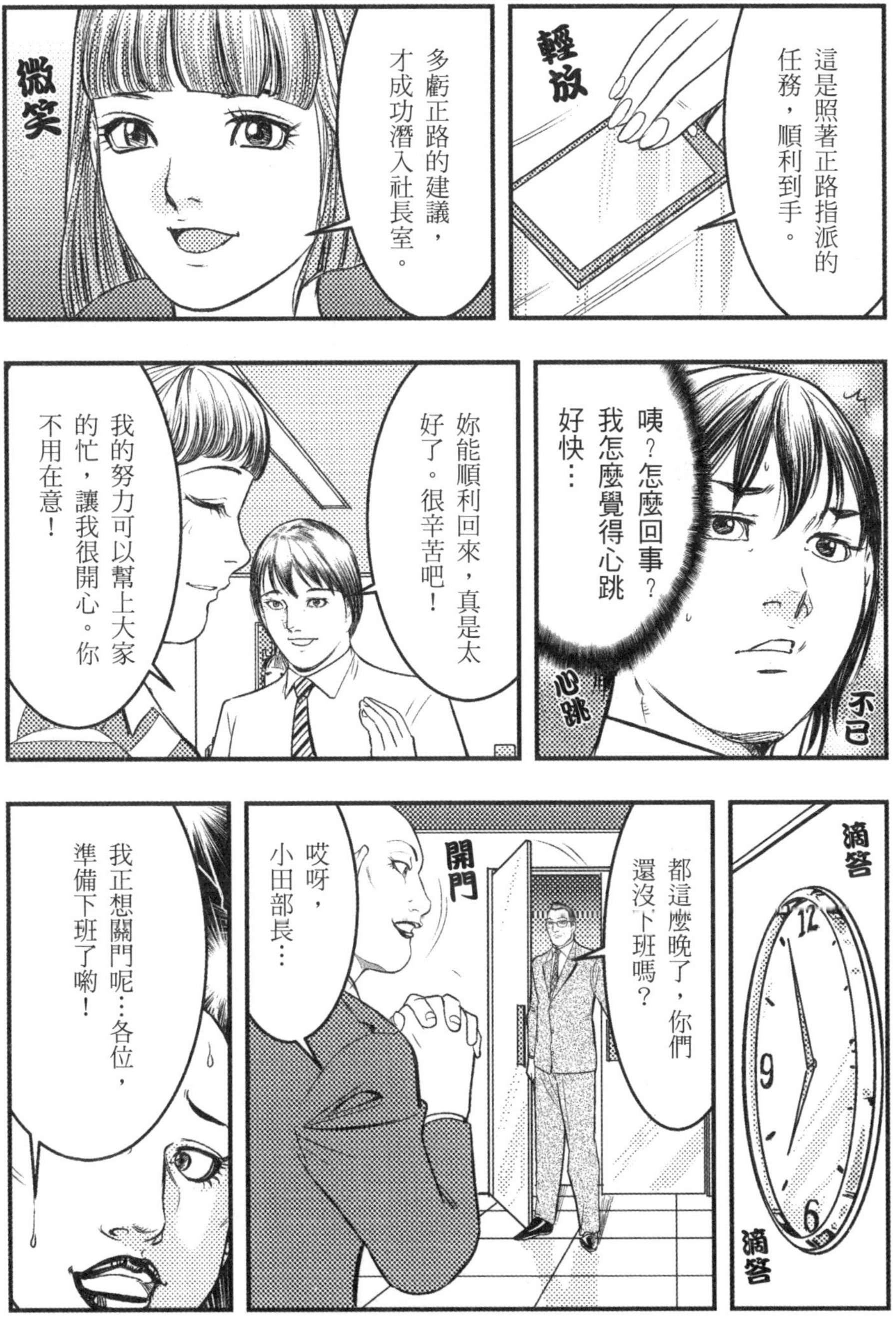
這是照著正路指派的任務，順利到手。
輕放
多虧正路的建議，才成功潛入社長室。
微笑
咦？怎麼回事？我怎麼覺得心跳好快…
心跳不已
妳能順利回來，真是太好了。很辛苦吧！
我的努力可以幫上大家的忙，讓我很開心。你不用在意！
滴答
滴答
都這麼晚了，你們還沒下班嗎？
開門
哎呀，小田部長…
我正想關門呢…各位，準備下班了喲！

咦？可是工作還沒做完。
今天不是也要做到九點才能走嗎？
！
你們平常都待到這麼晚嗎？
對啊，因為工作堆積如山，沒做完不能回去。
妳…妳真是的，別說得那麼難聽。
店長，如果加班變成常態，經營者的能力可是會受到質疑。
站在總公司的立場，是無法置之不理的。
對…對不起，我會立刻改進。
你們可以下班了！
恭敬不如從命，我們先走一步了。
咔噠
咔噠

小田部長，今天很謝謝你。因為我的任性要求，讓你配合我。
會長對我有恩，少爺的要求就如同會長的要求。
你別再叫我少爺了。
對了，小田部長要回家了嗎？
不，我要回總公司寫報告。
果然就如你所說，浦地分店背後應該有社長當靠山。
在禍事波及會長以前，一定要查清楚他們背地裡有什麼陰謀，並且一舉擊垮！
眼神銳利

是嗎？那麼，我們得針對今後的方針好好商量一下。
好的。
小田部長，謝謝你。
微笑
那麼，我先告辭了。
小田部長看起來很凶，其實是個很溫柔的人呢！對吧？正路。
微笑
……
那樣的笑容，誰都裝得出來啊，繭子…
咦？我為什麼這麼焦躁。
我們也走吧！
羅奇亞 西餐

看樣子，小田部長是老將呢！
他和生田小姐談話時，使用了暗示說服技巧。
暗示說服技巧
「請做○○」、「我推薦這個」使用的是直接說服的明示說服術。相反的暗示說服技巧，則是提示「○○的品質」、「做○○能夠得到的好處」等有利對方的訊息，讓對方自行判斷後決定的技巧。
小田部長說服她？真意外。
不，小田部長只說了「我現在仍然把妳當自己的部下」這個對生田小姐有利的訊息。
然後，究竟要選擇靠攏社長還是小田部長，他只說：「妳好好想一想！」
他把選擇的權利完全交給生田小姐。

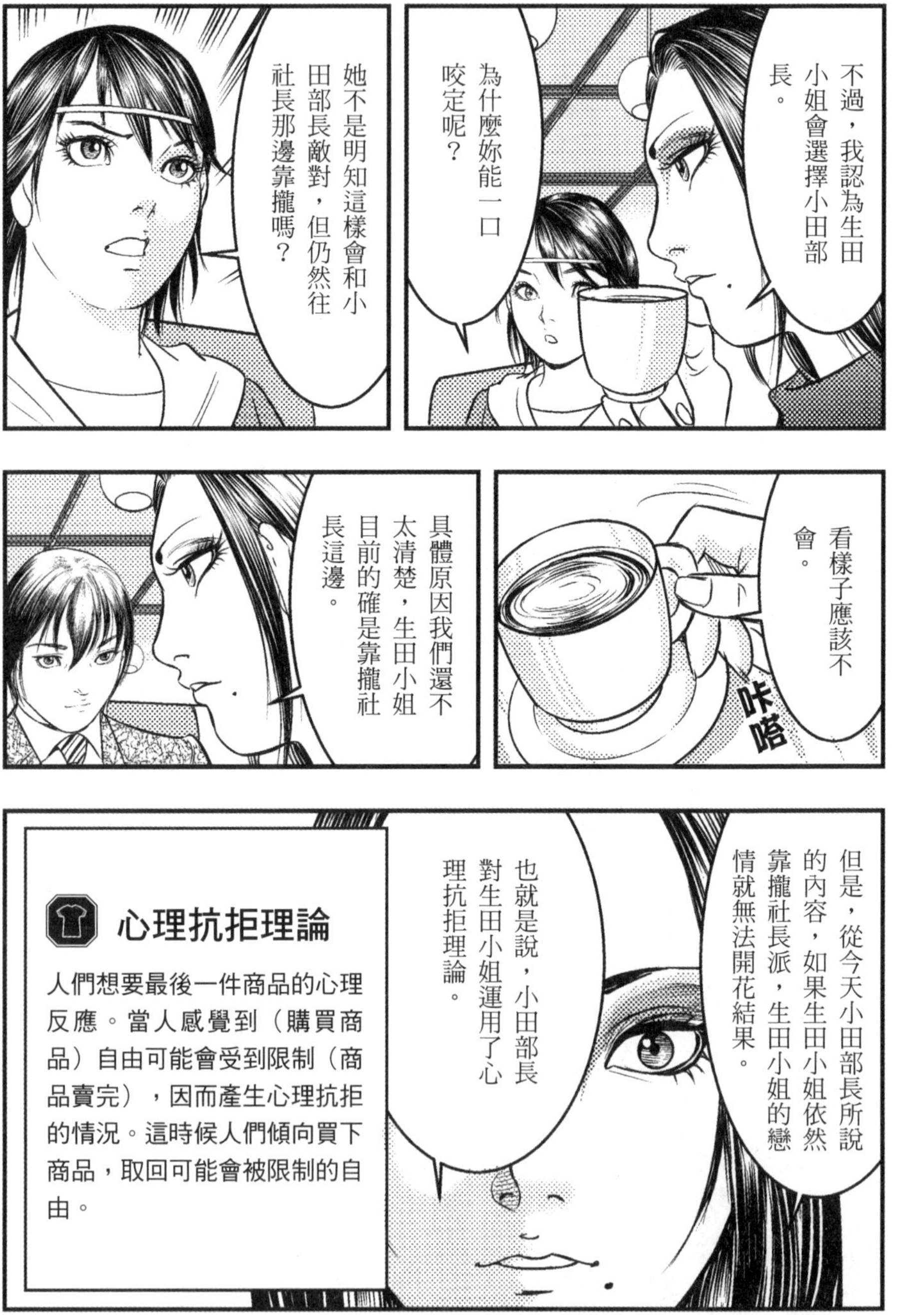
不過，我認為生田小姐會選擇小田部長。
為什麼妳能一口咬定呢？
她不是明知這樣會和小田部長敵對，但仍然往社長那邊靠攏嗎？
看樣子應該不會。
咔嗒
具體原因我們還不太清楚，生田小姐目前的確是靠攏社長這邊。
但是，從今天小田部長所說的內容，如果生田小姐依然靠攏社長派，生田小姐的戀情就無法開花結果。
也就是說，小田部長對生田小姐運用了心理抗拒理論。
心理抗拒理論
人們想要最後一件商品的心理反應。當人感覺到（購買商品）自由可能會受到限制（商品賣完），因而產生心理抗拒的情況。這時候人們傾向買下商品，取回可能會被限制的自由。

小田部長認為監獄是社長派從中穿針引線的結果對吧？
是的，他一定是這麼想。
對了，繭子今天收穫如何？
這個…不知道算不算收穫？
取出
這是社長的手機!?
是的，很慎重地和機密文件收在一起。
機密文件
秘
藏匿的手機啊。
先確認裡面有什麼吧！
啪

!!
什麼嘛！真骯髒！
啪
怎麼了？妳發現什麼了？也讓我看看！
寄件人 jwa55a-nao@xx.ne.jp
收件人 城戶麗奈
麗奈♡
九點在平常那間飯店碰面。很期待見到妳！
哇！
這是社長寄給城戶小姐的情書嘛！
有什麼重要的證據嗎？
能夠證明他們偷情的證據很多喲！
偷情！

檔案夾裡有大量看了令人不好意思的照片。
照片檔案……
啪
!!
妳們看！這封新郵件的日期是今天。
他們約定的時間也是今天，現在過去飯店，就能逮個正著……
不需要這麼做，光是這些照片就夠了！
可是……這些照片能夠證明他們的不當行為嗎？
很遺憾，這些並無法作為對我們不當處分的證據。

怎麼會這樣？我費盡千辛萬苦才拿到的耶！
淚汪汪
淚汪汪
不過，多虧繭子，我們知道了幾件事。
什麼事？
生田聽命於年紀比自己小的城戶，其中一個原因是因為知道社長和城戶間的關係。
而且，生田聽從城戶的命令，八成從中獲得了什麼好處。
所以…身為生田父親的店長也能獲得好處囉？
什麼？生田小姐和店長…是父女？
這…坦白說，這真是太令人驚訝了。

……
……
光是掌握社長和城戶偷情的證據，無法證明妳們被不當調任到這裡。
……
但是，如果社長偷情一事公開，媒體可不會默不作聲。
到時候一連串輿論，對公司形象及評價一定會造成很大的傷害。
魅生堂
社長地下情
特別報導
社長寶座一定保不住。
生堂
崩壞
社長派現在的人馬一定也會考慮自己的前途。

而我們手上的偷情證據，將會成為派系鬥爭的材料對吧？
蝶野立了大功！
哈哈，謝謝。多虧大家的建議。
雖然是危險的賭注，但是妳做得很好，辛苦妳了。
嗯。
我們已經拿到一張有利的王牌，繼續進行遊戲吧！
事不宜遲，會長派這邊也要採取行動了。

心理技巧大補帖

暗示說服技巧

「請做○○」、「我推薦這個」使用的是直接說服的明示說服術。相反的暗示說服技巧，則是提示「○○的品質」、「做○○能夠得到的好處」等有利對方的訊息，讓對方自行判斷後決定。

心理抗拒理論
（theory of psychological reactance）

人們想要最後一件商品的心理。當人感覺到（購買商品）自由可能會受到限制（商品賣完），因而產生心理抗拒的情況。這時候人們傾向買下商品，取回可能會被限制的自由。

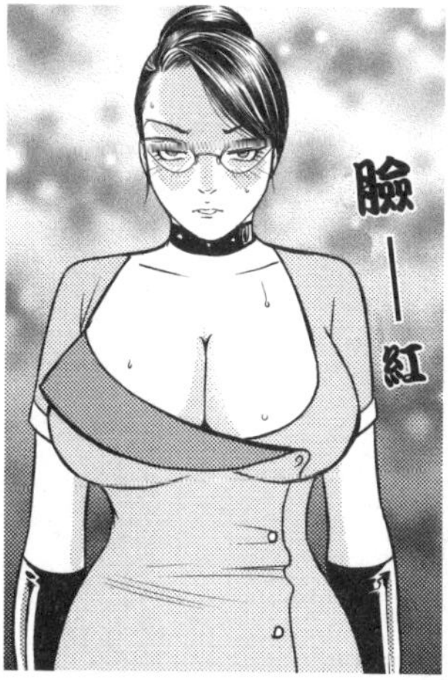

人氣王的心理戰略5-1　暗示說服技巧的應用

一分錢技巧

拜託他人的技巧有很多，不妨因應不同場合來運用。

以超級簡單的請求，取得開啟交涉的鑰匙！

進行交涉時，先從能夠輕易答應的條件開始，稱為「一分錢技巧」（even a penny will help），直譯為「即使一分錢也有幫助」，做法是先從絕對不會被拒絕的極端簡單請求或拜託小事，開啟交涉，一旦對方給

對象

上司	向上司強調，你絕對不會占用到他的時間。
客戶	依照約定只說重點，留下會遵守約定的好印象。
同事	平時保持良好關係，就不致於被拒絕吧！

關鍵

不要因為對方願意聆聽，就拖拖拉拉地說個沒完沒了，這樣就成了說謊。

一分錢技巧
＝以小小的請求取得承諾

要求越低，對方越容易接受。由於人們容易給予極端低的要求更大的回應，所以可以預期對方會比你要求做得更多。

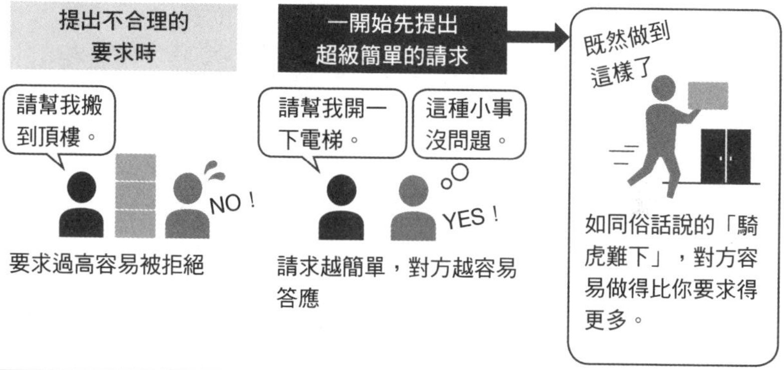
提出不合理的要求時
請幫我搬到頂樓。
NO！
要求過高容易被拒絕
一開始先提出超級簡單的請求
請幫我開一下電梯。
這種小事沒問題。
YES！
請求越簡單，對方越容易答應
既然做到這樣了
如同俗話說的「騎虎難下」，對方容易做得比你要求得更多。

予承諾後，也會相對難以拒絕後續的要求，和「YES心理定向」的特點相當類似。

根據心理實驗，與其只是空泛地拜託「請捐款贊助」，不如設定較低的條件，「即使一分錢（小額）也好，請捐款贊助」，最後募到的款項更高。基於「反正金額不高」而捐款的人，實際上也捐了高於一分錢的款項。不論一開始的動機是什麼，藉著他人承諾捐款，產生回應期待的心理作用，因而得到比原先要求更高的成果。

這個技巧也適用生意場合。不過，若是拜託對方，「一分鐘就好了，請聽我說」，就要信守承諾，盡可能在一分鐘時結束。若是對方願意進一步了解，或許就還有爭取的希望。

人氣王的心理戰略5-2　暗示說服技巧的應用

登門檻效應

在交涉場合善用登門檻效應。
優秀業務員的祕訣，只要能讓他踏進客戶的門，他就可以成交訂單。

一旦對方答應你的微小要求，談判等於成功一半！

「登門檻效應」（foot-in-the-door technique），據說是來自手腕高明的業務員所使用的技巧，只要客戶打開門，就在門關上以前把腳伸進去，不讓門關起來，後續交涉就等於成功了。

對象

對象	
客戶	利用試用品或資料，以「聽我說明就好」的開場白製造機會。
部下	先請求幫忙很簡單的任務，再逐漸委託較大的工作。
異性	先從「一起吃個中飯就好」再逐漸發展達成約會的目的。

關鍵

無論如何都要以誠懇的態度提出「請求」，讓對方覺得「拒絕了會良心不安」。

登門檻效應
＝讓對方願意繼續聆聽請求的技巧

人們一旦站在「答應聆聽請求」的立場，就會繼續維持下去。 → 產生「拒絕請求將會站不穩立場」的恐懼。 → 事到如今難以拒絕，最後變成無法拒絕。

運用登門檻效應的技巧

- 讓對方請你喝飲料→讓對方請你吃飯→讓對方買衣服送你。
- 捐款→漸漸變成高額捐款→協助介紹朋友。

如同優秀的商務人士，只要能夠掌握交涉的契機，就能成功達成交易！

人們原本就有開始做一件事以後，自然而然繼續下去的慣性，所以當人們先接受了一個小小的請求，面對後續拜託的事情當然容易順勢答應。

熟練這個技巧的關鍵，在於先讓對方願意傾聽微小的請求。事實上，很多企業會運用這個技巧成功爭取到客戶。化妝品公司免費贈送試用品也是典型的案例。

鎖定那群被「免費」吸引的顧客為對象，以問卷或特價活動介紹為開頭，逐漸增加與顧客的互動和產品說明的時間，讓他們無法拒絕，進而購買商品。顧客一開始雖然是得到免費的試用品，最後卻購買了商品。

人氣王的心理戰略5-3　心理抗拒理論的應用

反向作用

行為受到限制時，反而採取相反行為表現的心理抗拒。反向作用是因為外在刺激而產生欲望。

對象

客戶

提供經濟情勢等對自己有利的資訊，刺激顧客的購買欲望。

異性

利用聖誕節等容易誕生情侶的季節，讓對方產生想擁有情侶的欲望。

關鍵

即使是外在環境產生的刺激，經歷一番波折到手的東西就會更珍惜。

還想再吃！有時欲望是經由外在刺激而產生

很多人減肥中途失敗是因為抵抗不了「誘惑」。當某個人在面前吃著很美味的食物，或是電視節目播放刺激食欲的畫面等，就可能使原本決心減肥的意志力受到挫折。

像這樣容易因為外界資訊的刺激而

「反向作用」和「不足報酬的心理效果」＝容易肥胖的理由

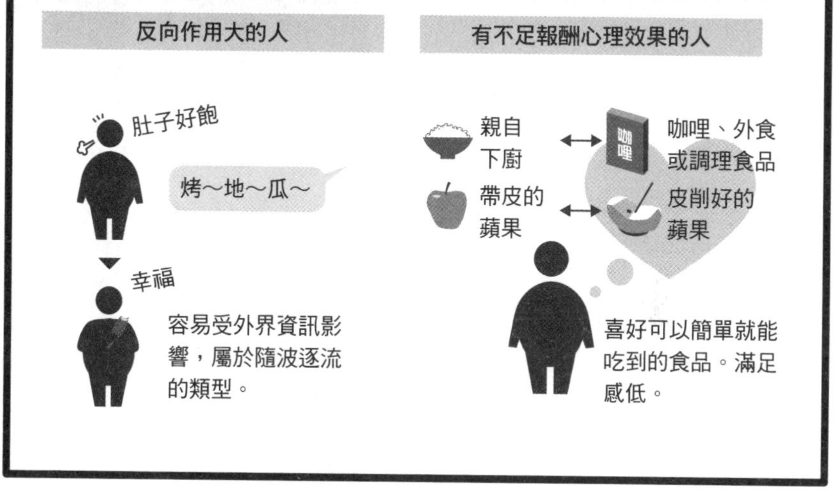
反向作用大的人
肚子好飽
烤～地～瓜～
幸福
容易受外界資訊影響，屬於隨波逐流的類型。
有不足報酬心理效果的人
親自下廚
咖哩、外食或調理食品
咖哩
帶皮的蘋果
皮削好的蘋果
喜好可以簡單就能吃到的食品。滿足感低。

影響欲望的人，就是反向作用（reaction formation）大。這樣的人通常身材容易發胖，眼前一出現食物，就無法抗拒食物的誘惑，就算肚子已經八分飽，仍然會產生「還想再吃！」的欲望。

「反向作用大」的人，除了食物，也很容易產生購物等衝動行為。這樣的人，只要向他們稍微介紹一下有魅力的商品，就容易產生「我想要！」的欲望，較容易說服。

無法克制食欲的人，很可能正陷於「不足報酬的心理效果」，再怎麼吃也無法得到滿足，任由欲望控制，不斷追求新的事物。有自覺的人，則會親自動手下廚，或徒步多走一站地鐵的路程，藉著多花一些工夫來得到滿足感。

人氣王的心理戰略 5-4 心理抗拒理論的應用

以退為進的引導

人們都會害怕失去擁有的事物，
即使對方是推銷員，只要對方一逃，也會不自覺想追。

對象

客戶	在客戶開始對你感興趣時運用。
部下	對於怕生的部下，故意退後一步讓他主動靠近你。
異性	利用我逃你追的心理，以退為進是必要的。

關鍵

想引起對方的興趣時，按捺住想往前的心情，先後退一步。

與其不斷步步進逼，以退為進才是上策

沒有事先預約而一家一家按鈴登門拜訪的推銷業務員。雖然對方開了門，但對方一發現是推銷拜訪的瞬間，業務員往往也同時迎上閉門羹。你可能以為他們對於這種狀況早已習以為常，業績出色的業務應該是在客

以退為進的引導＝解除對方下意識的警戒心

往自己的領域引導　利用「你追我逃」、「你逃我追」的心理，讓對方進入自己的領域。

緊迫盯人地要對方聽你說話，令對方覺得自己的領域遭到入侵，因而感到不愉快想逃避。

希望對方聆聽時，反而要退一步，讓對方好奇「怎麼回事呢？」而主動跨進你的領域。

除了希望對方聆聽你說話時，發生糾紛時退一步，更能冷靜地看清事情全貌。「退一步」可以運用在各種不同場合。

戶關上門前厚著臉皮積極推銷，然而並非如此。

即使門打開了，強硬地把頭伸進去，顧客照樣會以「不需要！」果斷拒絕。

真正業績良好、手段高明的推銷員，是顧客門打開了，也不會立即迫不及待地進門，反而是退一步等候，當顧客產生好奇而不自覺地向前跨出一步，「怎麼回事呢？」才開始談論有關商品的話題。

任何人都有某道不允許他人跨入的心理防線，退一步等待對方進入自己的領域，這麼做就不會侵犯對方的心理防線，能解除對方的戒心。

優秀的業務員，應該如同獵人般，一邊引導顧客一邊等待對方接近。

人氣王的心理戰略5-5　暗示說服技巧的應用

主張的反應&非主張的反應

任何事都採取被動的人，無法令人得知他真正的想法。拒絕時運用非主張反應，可避免留給對方壞印象。

拒絕時表達足夠的誠意，反而能贏得信任

人際關係中難免有上下關係。面對上位的人無理刁難，或是想拒絕不感興趣的邀約時，必須謹慎注意，避免讓對方感覺不佳。如果斷然拒絕可能引起對方不愉快，認為你是個沒禮貌的人。但是以曖昧委婉的方式拒

對象	
上司	拒絕工作任務時，也要告訴上司，謝謝他給你機會，留下好印象。
同事	說出拒絕理由，或是能提供協助的時間等方案，能增加信任感。
異性	有時候因為時機不湊巧必須拒絕約會，不妨誇張地表現遺憾的心情。

關鍵

為了避免讓對方有不愉快的感覺，必須明確地以表情及言語表達自己的感情。

個性採取非主張反應的風險

容易採取非主張反應的人

個性特徵
- 過度認真。
- 尊重對方意見，過度壓抑自己。
- 時常擔心別人會怎麼想。

周圍的評價
- 對任何工作都來者不拒，方便使喚的工具人。
- 結果時間來不及，工作能力不佳。
- 沒有主見的人。

演變成憂鬱的機制

面對任何人委託都難以拒絕，變成來者不拒。 → 因為無法拒絕，以致逐漸變成打雜的人。 → 持續接受超過限度的工作量，累積成壓力。

絕，很可能令對方沒有察覺到你想拒絕的訊息，反而讓情況陷入僵局。

由於無法拒絕而勉強接受，結果導致失敗時，將會使以往費心經營的人際關係一夕破滅吧！為了避免發生這樣的狀況，拒絕時的重點步驟是「道歉」、「提出替代方案」、「說明理由」。

尤其是替代方案可能很容易被忽略，但是沒有補充備案，會給人沒有誠意的印象。另外，理由以「公司方針」、「家庭狀況」等自己無能為力的外部因素，對方應該更容易接受。像這樣以委婉的態度來拒絕，就是「主張的反應」。

過度被動，容易造成對方不安

凡事採取被動反應，和為了不傷害對方而採取委婉的態度，或是明確地拒絕反應都不同，被動反應的態度是連「YES」、「NO」都沒有明確表達，就順勢形成接受狀態的「非主張反應」。由於極度害怕拒絕可能會傷害對方或被討厭，以致無法說出意見，通常是個性認真、配合度高的人。

這樣的人面對各種受委託的事，無法說出「我不要」，以致被旁人認為接受，所以常會接受無理的要求。但是不表達自我的意見，老是配合旁人，長期下來容易累積壓力，而導致憂鬱症。

即使討厭的工作，也習慣不知不覺地接受的人，不妨藉由學會主張反應的技巧，在不讓對方感到不悅的情況下表達拒絕，應該就能減輕壓力，和他人相處融洽吧！

為了避免累積壓力，
要懂得有技巧地拒絕討厭的事情。

第6章
激勵工作幹勁與自信的
心理技巧

羅奇亞　西餐
既然拿到有利的王牌，遊戲就繼續進行吧！
等等，在這之前，我認為要先讓會長派成為我們的盟友。
讓會長派成為我們的盟友，這不容易吧？
當然不是輕而易舉的事…
唔～究竟會長派和社長派之間，是什麼關係呢？
在公司最低階層的我們實在搞不清楚。
說的也是。那我來說明一下，首先是社長派…

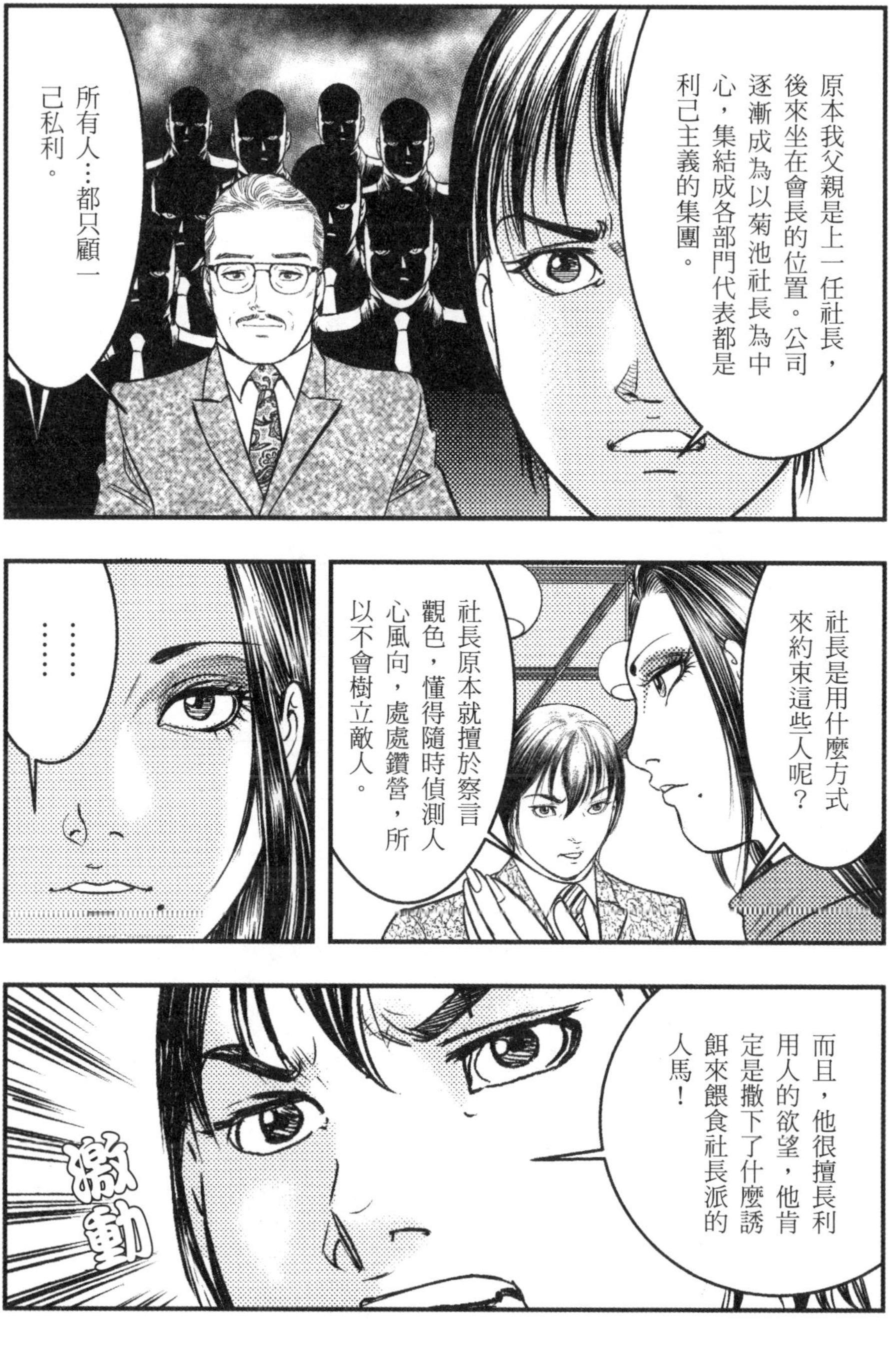
原本我父親是上一任社長，後來坐在會長的位置。公司逐漸成為以菊池社長為中心，集結成各部門代表都是利己主義的集團。
所有人…都只顧一己私利。
社長是用什麼方式來約束這些人呢？
社長原本就擅於察言觀色，懂得隨時偵測人心風向，處處鑽營，所以不會樹立敵人。
……
而且，他很擅長利用人的欲望，他肯定是撒下了什麼誘餌來餵食社長派的人馬！
激動

會長派如果也犯了同樣錯誤，結果豈不是和社長派成了一丘之貉？
不…
他們很尊敬會長，但是大家優先考慮的都是公司的未來。
如果犯錯，即使是會長，他們照樣直接糾正，會長也期待大家這麼做。
你很尊敬父親呢！
是的，我以父親為榮，他也是我的目標。
原來如此，大致的人際關係已經了解了。
那麼，該從會長派的哪裡著手呢？

監獄也是社長撤出的飼料吧？
應該沒錯。
會長派有哪些人呢？
主要是以小田部長為首的人馬，在我印象裡，他向來敬佩會長的志向，竭心盡力於魅生堂的發展。
先從小田部長開始？雖說他其實形同參與了⋯
這麼一來，時間就是關鍵了。我來聯絡他，看看他能不能過來碰個面？
撥打
羅奇亞 西餐
Break Fast!

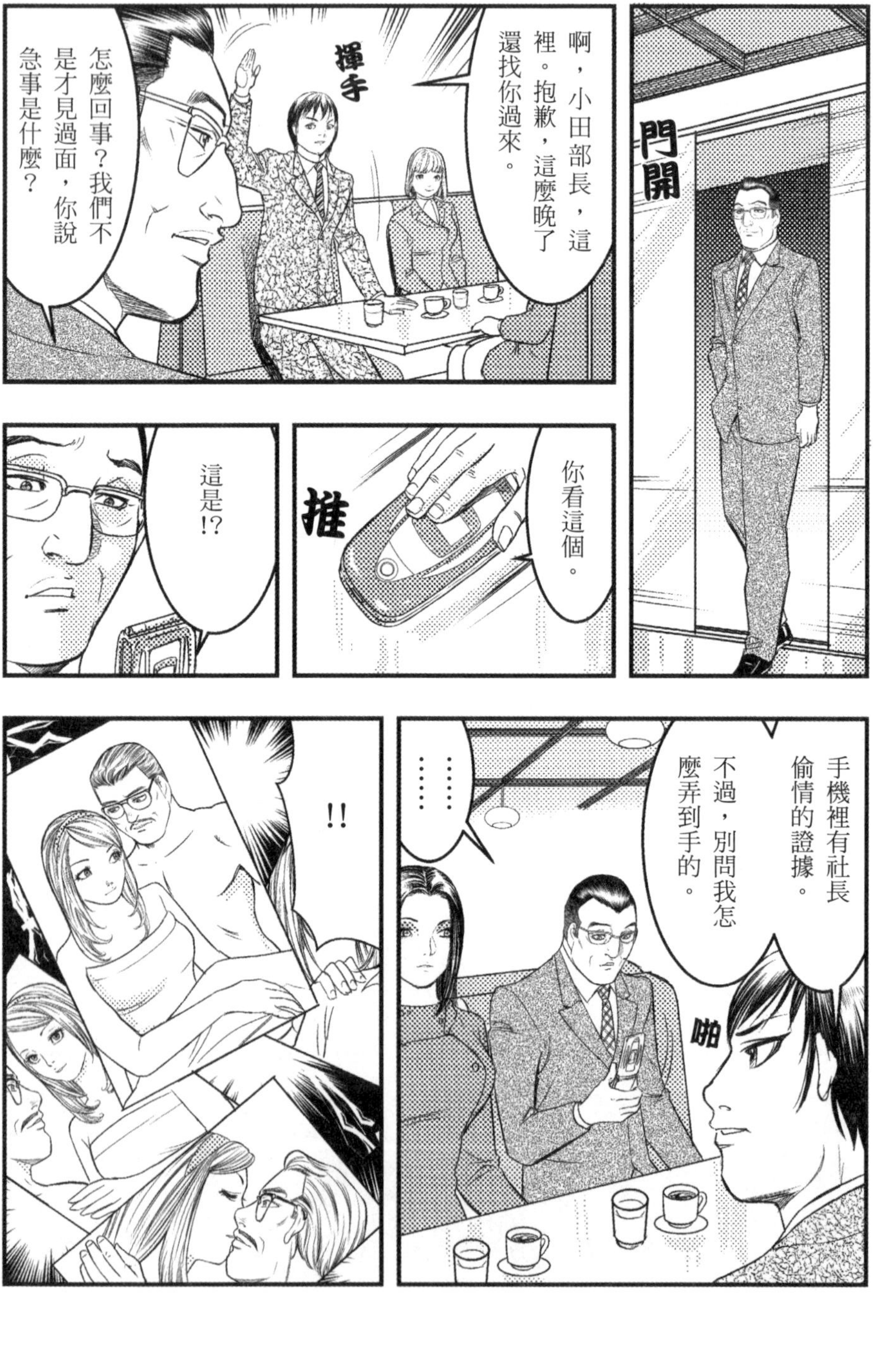
門開
啊，小田部長，這裡。抱歉，這麼晚了還找你過來。
揮手
怎麼回事？我們不是才見過面，你說急事是什麼？
你看這個。
推
這是!?
手機裡有社長偷情的證據。
不過，別問我怎麼弄到手的。
啪
……
!!

我們在尋找監獄不當調動職員的證據時，發現這個。
社長想壯大勢力，企圖坐上會長寶座的計畫，應該可以利用這個證據推翻。
這個證據運用得當的話，可以成為強大的武器。
不愧是少爺…不，清彥，我似乎可以看見社長那幫人下流、醜陋的笑容。
如果透過裁判，有贏的可能嗎？
妳說的裁判，是指懲戒委員會嗎？
……

妳問會不會贏，如果是指揭發社長不當的行為，他是否會遭到懲罰，那是一定會的。
請問，什麼是懲戒委員會？
為了追求公司內部管理公正而設置的委員會。
因為獨立於公司的權力核心之外，屬於中立單位，以人數來說，社長派居於劣勢，所以我們勝算很大。
可是…
如果我被送進監獄時召開的那個是懲戒委員會，根本既不公正也不中立。
沒有任何證據，打從一開始就咬定我有罪。
這就奇怪了。

懲戒委員會必定是以隨機抽樣找來幾位第三者，參考他們的意見，所以照理說不至於有不當處置。
而且也沒有看到你們異動到浦地分店的決議內容。
怎麼會？
所以我還以為你們是被派到浦地分店支援的人手。
不，我們的異動雖然分別是經由裁判和口頭告知，不過都是調職命令而不是支援。
我是董事，照理說懲戒委員會的決議事項應該會送到我這裡審閱。
調職命令是由誰發布給妳們的？
生田…生田希美小姐。

原來是生田…她還真幹了不少好事，已經無法對她留情了嗎？
會長派的人由我來找他們談。
懲戒委員會也由我這裡來安排。
小田部長，麻煩您了。
那麼，我先告辭了…
咔嗟
懲戒委員會…如果和我那時候一樣，舉出一些無中生有的證據，就算我們拿出真正偷情的照片當證據也沒有勝算。
唉
唉
的確，正面進攻或許無法取勝。

夠了！
你們是怎麼回事？難道你們不知道自我應驗預言，不論好壞都會成真嗎？
自我應驗預言
指一個人事前的期望或預測，往往會使行為下意識往那個方向實現，因此就結果而言，預言就成功應驗了。例如，一直有人對你說「因為你是A型，所以個性一絲不苟」，不知不覺中你的行為就會變得一絲不苟。
自我應驗預言？
現在的你們，態度根本不夠積極。
小結、正路，你們剛剛嘆了很大一口氣…人在缺少幹勁時，呼吸就會變緩慢。
速度呼吸法
心理學家雷亞發現，當人失去幹勁時，呼吸偏於緩慢；而充滿幹勁時，呼吸則變得較淺。所以人們可以透過練習快速呼吸的「速度呼吸法」來提高幹勁。
你們一點幹勁都沒有。
……

這時候就需要激勵保健理論了。你們沒有失去志向對吧？
激勵保健理論
由心理學家菲德烈．赫茲伯格提出，他認為產生工作幹勁的主要因素，除了薪資、人際關係等保健因素，另一個則是工作價值、熱情等激勵因素。只要找出想付諸行動的因素，就能產生幹勁。
志向…
是的！我有！
握拳
沒錯，現在放棄還太早。
我們先積極思考看看今後該怎麼做吧！
我認為可以先從我們能做得到的事情開始。
說得比唱得好聽，要怎麼做呢？
嗯…比方說把社長派的人拉攏到會長派。
這…萬一失敗了，對我們會很不利。

萬一沒處理好，我們的底牌就被看光光了，蝶野可能不太合適。
什麼？
妳之前做得很好呀，不需要這麼沮喪。
感動
感動
感動
正路！
不過…如果是城戶的話，你應該有辦法讓她立刻倒戈向我們靠攏吧…
笑
！
等等！我才不要，我…
我討厭因為看穿對方的心理弱點，就加以利用！
你早就看穿城戶的心意，不是嗎？
而且，如果會長派就這麼取勝，店長和生田小姐不用說，城戶的最壞下場可能會被開除。
如果能夠讓他們提早收手，良心的苛責也能少一點不是嗎？
……
？
？

嗯～雖然我不太喜歡把城戶拉攏到我們這邊…
不過，城戶應該能夠提供對我們有利的情報吧？
嗯，如果她無法成為我們這方的人馬，我們的計畫風險會很高吧？
我知道了！我會試著去說服城戶小姐。
毅然決然
正路，加油！
真是的…妳根本不知道我要用什麼方式去說服城戶吧？蝶野…
MI SEI DO
正路，就靠你了！

總覺得昨天菊菊
好像心不在焉…
菊菊，怎麼了？
不…沒事沒事。
我要是跟麗奈說手
機不見了，她一定
會很擔心。
可是你今天
很不對勁，你是
不是有什麼事瞞
著我？
沒事，不是這樣的，
只不過，接下來會很
忙，可能有一段時間
沒辦法跟妳見面…
怎麼會？
原來如此…當社長
也真辛苦。
抱歉，等工作告
一段落，我就會
跟妳聯絡。
好，我隨時都
方便，你別放
在心上。

我們也差不多到了熱情減退的時候，能夠自然分開是最好的。
放—空
城戶小姐！
！
是你啊正路，有什麼事嗎？
今天晚上妳能撥一點時間給我嗎？
咦？
嗯…一起喝杯咖啡怎麼樣？
討厭，怎麼突然有這個發展…正路竟然會主動找我。
畢竟要談重要的事，如果被其他人聽到就麻煩了…
我知道一間設有包廂的餐廳，我們約那裡見面好嗎？
好，當然沒問題。我很期待。

那麼，待會兒見。
好。
……
太棒了！幸運女神在向我招手！
和菊菊的關係剛要結束，這麼快就有人主動靠近…果然我是個男人不會輕易放過的女人。
……
太好了！麗奈殿下。
背叛這麼堅強的麗奈殿下，奔向自己的戀愛道路…
啊…啊…我可以…

好啦，妳們在發什麼呆？把這些商品和寄發清單核對一下。
好的，我們立刻就做！
撕開
撕開
監獄這裡差遣人做事還是一樣超狠的。
咕咕
嘀嘀
要是正路能夠順利說服對方，就太好了。
！

噓！在這裡別談這件事，萬一被別人聽到就糟了！
啊，對不起。
正路不會有問題的，他一定能把事情處理妥當。
妳們在討論誰要說服誰呀？
！
突然
啊…不，我們在說，想為生田小姐的戀情加油。
嗯…沒錯，該怎麼做才能順利呢？
哎呀，那件事呀…
小田部長確實不像是「追求」，而是「說服」呢！

要擺脫上司和部下這種拘謹的關係，兩人共享的祕密很有效呢！
兩人共享的祕密
情報的稀有性原則，人們只要一聽到「我只告訴你一個人」、「不要告訴別人」，就會對對方抱著好感。利用這項心理，告訴對方「別看我這個樣子，其實我是超級被虐狂」、「別告訴其他人，等一下我們去續攤？」這些兩人間共享的祕密，會讓兩人間的距離，迅速縮短。
咦？那是什麼？跟我講詳細一點！
就是…
悄聲
嗡咕
哎呀，這個方法真不錯！
啪
我要趕快告訴希美。
本村，我對妳另眼相看了！
這是我的榮幸！
鞠躬

不知為什麼，我在法國留學時，莫名地受女性歡迎，甚至有人說我是「無自覺的甘斯柏[1]」
燦笑

1. 譯注：甘斯柏（Serge Gainsbourg），法國音樂教父，才華洋溢，終其一生情史不斷。

對我而言雖然是一段不堪回首的過去，但是為了大家，反而要解開這個技巧的封印。
這裡的料理真好吃，不愧是從巴黎留學回來的。
好吃
謝謝妳的讚美。
你說重要的事，是什麼事呢？
我…想更了解妳一些。
咦？
這…這是怎麼回事？我不是在作夢吧？
堅定

心理技巧大補帖

自我應驗預言（Self-fulfilling prophecy）

指一個人事前的期望或預測，往往會使行為下意識往那個方向實現，因而就結果而言，預言就成功應驗了。如果一直有人對你說「因為你是A型，所以個性一絲不苟」，不知不覺中你的行為就會變得一絲不苟等。

速度呼吸法

心理學家雷亞（James E.Loehr）發現，當人沒有幹勁時，呼吸偏於緩慢；而充滿幹勁時，呼吸則變得較淺。所以人們能透過練習快速呼吸的「速度呼吸法」來提高幹勁。

激勵保健理論（Motivation-Hygiene Theory）

由心理學家菲德烈．赫茲伯格（Frederick Herzberg）提出，他認為產生工作幹勁的主要因素，除了薪資、人際關係等保健因素，另一個則是工作價值、熱情等激勵因素。只要找出想付諸行動的因素，就能產生幹勁。

兩人共享的祕密

情報的稀有性原則，人們只要一聽到「我只告訴你一個人」、「不要告訴別人」，就會對對方抱著好感。利用這項心理，告訴對方「別看我這個樣子，其實我是超級被虐狂」、「別告訴其他人，等一下我們去續攤？」這些兩人間共享的祕密，會讓兩人間的距離，迅速縮短。

人氣王的心理戰略6-1　自我應驗預言的應用

林格曼效應 & 霍桑效應

人們在什麼樣的情況下會失去幹勁？
林格曼效應揭示其中的原因，霍桑效應則提供了解決對策。

對象

同事：就算一天到晚摸魚打混的人，也可以藉由讚美激發幹勁。

部下：認同部下，能提高工作熱忱，有助於部下成長。

異性：平時就常說出感謝的心情，有助於維持良好的關係。

關鍵

對於沒有自信而怠惰的人，表示你對他有所期待就能再次激發他的工作幹勁。

團隊人數越多，越容易出現打混摸魚的成員

雖然公司集結的是為了工作而來的員工，卻不是每一個人都會認真地工作，應該是多數人都有的切身經驗。

根據德國心理學家馬克西米利安・林格曼（Maximilien Ringelmann）提出「林格曼

對偷懶的部下
給予關注與期待，以提高生產力

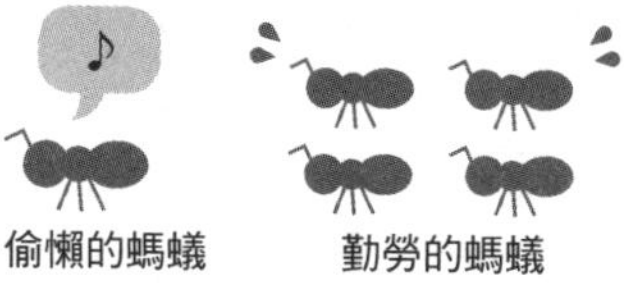

林格曼效應

就像勤奮工作的蟻群中會混著偷懶的螞蟻般，人類也有依賴團體的傾向。

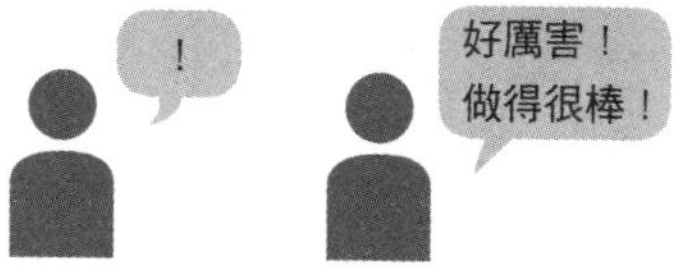

霍桑效應

對於有偷懶習慣的部下，告訴他「你只要去做就辦得到」、「我很看好你」等鼓勵，給予關注及期待，讓他產生幹勁，因而提高團隊產能。

林格曼指出依賴旁人或有偷懶傾向的人，會以一定的比例出現在團體中，為了防止團體的士氣下降，可以藉由表達對偷懶者的期待，而提升他的工作幹勁。

效應」（Ringelmann effect）說明了這個現象。

林格曼進行了一個分別以不同人數參加拔河的實驗，從一開始的一人，然後逐漸增加為兩人、三人，結果發現：隨著人數增加，個人參與的動力逐漸下降，偷懶的人數隨之增加。

也就是說，當參加的人數增加，容易產生「我不努力也會有其他人努力」、「只有我一個人偷懶應該沒什麼影響吧」的心態，因而在團體混水摸魚。

這種偷懶的現象，也稱為「社會懈怠」或「搭便車效應」。透過其他實驗發現，男性比女性更容易發生社會懈怠傾向。原因可能是女性重視與周遭的人際關係（一起偷懶），但男性則重視個人成果勝於團體（一個人照樣偷懶）。

表達關切與讚美，能刺激廢柴部下變人才！

霍桑效應（Hawthorne effect）是經營者霍桑在他的工廠中察覺的現象。他發現，告訴工人「我很看好你」、「這裡需要你」等表示你在觀察他的結果，比沒有告訴對方時的工作效率來得高。

這個實驗結果，同樣發生在治療時，醫師告訴患者「你一定會痊癒」、「我們一起治好它」，患者因為感覺受到關注，疾病因而痊癒的「安慰劑效應」（placebo effect）。例如，只是給患者普通的藥或維他命，卻告訴他「這個藥很有效」，身體卻發生症狀因此舒緩的現象。有時也會發生病人自認疾病已經痊癒，或宣稱已經痊癒的錯誤報告。

霍桑效應的實驗，是為了調查改善工作環境、設備、人際關係等因素，對於工作效率提升的影響，結果發現上司對部下，或同事之間的「關注與期待」高於硬體設備的改善，是提高工作效率最重要的因素。

適時表達關注與期待，能夠激發對方的幹勁！

實踐 心理學的情境應用

部下B認為只有自己偷懶也沒關係，主管A希望能改變部下B的工作態度，因而讚美部下B，表達他對部下B的期待。

B：薪水這麼少，這樣的工作隨便做做就好了。

A：你總是能在下班前把工作完成，準時下班，時間管理能力似乎很強。

關鍵　這時候如果直接挑明「你是不是無心在工作上？」反而會使情況更加惡化。

B：啊，謝謝。

A：多虧你的關係，小組也產生了想在時間內完成工作的氣氛。

B：是嗎？

A：下次進行別的計畫時，也務必提出你的意見。我很看好你喔！

B：好的，請多指教！

關鍵　先以小事讚美，激發幹勁後，再交辦新的工作。

人氣王的心理戰略6-2　自我應驗預言的運用

自我形象效應

完成某件事的時候，相信自己「我做得到！」非常重要。藉由讚美自己或他人，培養「我做得到！」的自信，累積實力。

對象

上司	很少有被讚美的機會，所以積極讚美上司，上司應該會很開心。
同事	平時不吝給予讚美的話，或許在你沮喪時，能夠獲得同事協助。
後輩	記住人通常都是讚美就能成長，有小小的成長就給予讚美。

關鍵

藉由讚美來提高自我形象，正因為沒有自信，更要自我讚美。

一旦習慣自我讚美，就能越來越有自信

人類的自我形象（self-image）是透過自我意識而產生「原來我是這種人」的概念。當人們決定每天的各個行動，依循的是「如果是我，會這麼做」的自我形象。

有自信的人，自我形象高；缺乏自信的

自我形象＝以成功的印象自我提升

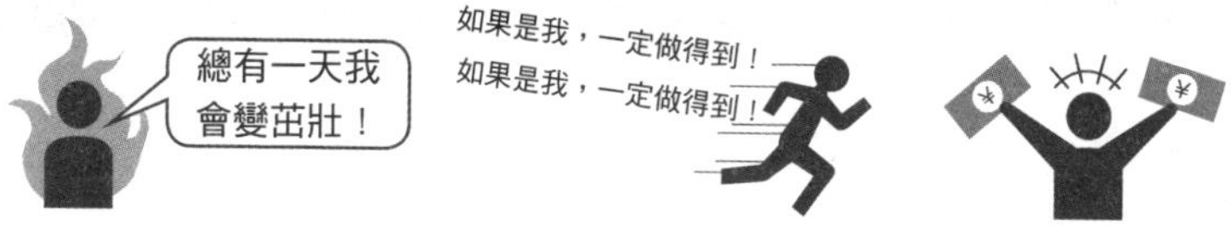
總有一天我
會變茁壯！
如果是我，一定做得到！
如果是我，一定做得到！

抱著崇高理想，相信自己是優秀的人。 ▶ 擅長讚美自己。時常自我激勵。 ▶ 不輕易妥協，邁向成功！

提高自我形象的方法

- 養成小事也自我讚美的習慣。
- 說話口氣不是「非～不可」，而是改成「來做～吧」。
- 和他人互相讚美。

人，自我形象低。自我形象高的人，即使面臨的處境有一點困難，基於「如果是我，會這麼做」而描繪出的自我形象，因而積極向上。反之，自我形象低的人，則因為想著「反正我一定做不到」，因而容易放棄，預設失敗在意料之中，並因此使得自我形象降得更低，陷入負面循環。

若要改善這個狀況，「讚美」是有效的方法，透過讚美可以提高自我形象。如果對於讚美自己有抗拒感，先從讚美旁人開始，因為大腦記憶時不會辨識主詞，所以讚美別人時也會記憶成對自己的讚美，因此就能達到和讚美自己同樣的效果。

實踐 心理學的情境應用

缺乏自信的A，雖然想提高自我形象，但是對於讚美自己懷著抗拒感，所以決定讚美同事B。

A：B總是好厲害！即使再忙碌也笑臉迎人，而且很受後進愛戴。

關鍵 讚美的事項沒有限制，舉凡擅於整理或守時等，再怎麼微不足道的事情都可以。

B：怎麼了，我會不好意思耶。怎麼突然讚美我？

A：我很沒自信。雖然希望能像你一樣，但總是做不到。

B：我也很沒自信呀。而且，你有你的優點，你再怎麼辛苦也不會說喪氣話，難得我們是同期，好好相處吧！

A：我從來沒想過那是我的優點呢！

關鍵 一天結束以前，空出大約十分鐘的時間，重新審視自己，確認目前的自我形象是什麼樣子。

第7章
撬開戀人心防的
惡魔戀愛技巧

咦？正路你剛剛說什麼？
我希望能夠更加了解城戶小姐。
咦？我嗎？
這…不就是告白嗎？
好啊…你想知道什麼儘管問。
羞
……
不過，我有件事必須先告訴妳…
我有件事瞞著妳，
我覺得如果不告訴妳，這樣很不公平。
有事瞞著我？是什麼事呢？

其實我…我是會長的兒子。
咦？這樣啊。
這件事我早就知道了。
不過，他這麼老實真令我心動。
照著本村小姐的建議，接下來再進入正題。
你記住，這件事很重要。
我想城戶小姐應該不會拒絕你，
你先表示想知道有關城戶小姐的事情，滿足她被認同的欲望，接著再說些你自己的事情，來達到自我表露的效果。
自我表露
心理學家西尼．朱拉德發表的主張。積極表露真實的自我，能與他人建立良好的關係。以「其實我是○○」等揭露祕密的方式也能達到同樣效果。

所以，順便有件事想問妳，城戶小姐是社長派的對吧？
咦？
嗯，是的。
怎麼…突然問這個？他該不會連我和社長的關係也知道？
果然…因為我是會長這邊的人，我擔心給妳造成麻煩。
不…沒那回事。
像今晚這樣約妳見面，我也很擔心會讓社長派的城戶小姐立場變尷尬…
但是…我克制不住自己…
正路…

你不需要擔心這件事。
立場不同，或是派系之爭，我一點都不在意。
為了正路，我隨時都可以把派系丟到一邊去。
城戶小姐！
凝視
正路！
竟然…這麼順利！
我們簡直就像羅密歐與茱麗葉。
不過，我們一定會有幸福的結局。

O, she doth teach the torches to burn bright!
It seems she hangs upon the cheek of night.
咦？你說什麼？
這是羅密歐與茱麗葉當中的一段台詞。
深夜越是闇黑，燃燒的火焰就越是明亮！
啊，的確如此。
臉紅
我…身體都熱起來了。
可是，城戶小姐，這樣真的好嗎？生田小姐和相田小姐她們…
生田和相田…
我想絕對沒問題，生田和相田也一定會站在我這邊。

討厭，我和她們兩人做的事，都是些正路知道了，一定會被他瞧不起的事…
……
怎麼了？
起身
靠近
咦？怎麼了…
我接下來要講的事，絕對不能讓其他人聽到。
城戶小姐願意跟我站在同一陣線，簡直就像作夢一樣。
但是，和社長派成為敵對，妳真的不要緊嗎？

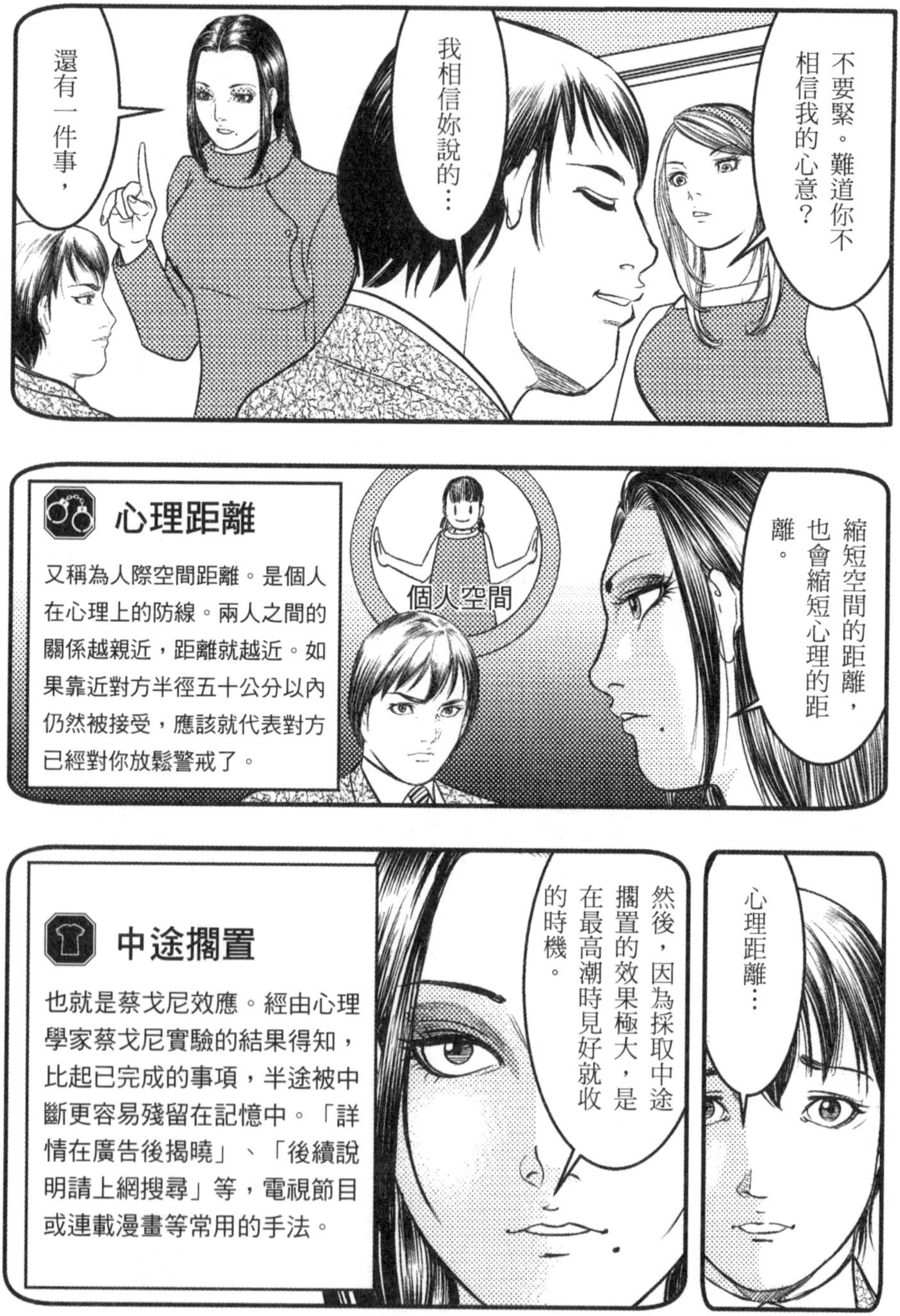
不要緊。難道你不相信我的心意？
我相信妳說的…
還有一件事，
縮短空間的距離，也會縮短心理的距離。
個人空間
心理距離
又稱為人際空間距離。是個人在心理上的防線。兩人之間的關係越親近，距離就越近。如果靠近對方半徑五十公分以內仍然被接受，應該就代表對方已經對你放鬆警戒了。
心理距離…
然後，因為採取中途擱置的效果極大，是在最高潮時見好就收的時機。
中途擱置
也就是蔡戈尼效應。經由心理學家蔡戈尼實驗的結果得知，比起已完成的事項，半途被中斷更容易殘留在記憶中。「詳情在廣告後揭曉」、「後續說明請上網搜尋」等，電視節目或連載漫畫等常用的手法。

雖然我說希望能多了解城戶小姐，但也不想操之過急而傷害了妳。
正路……你……
所以我們今天就先到這裡吧？
嗯，好的……
親
啊！
啊，抱歉，在法國只要到了某個程度的親近，親臉頰就像日常的招呼。
啊，我不行了……他實在太迷人了。
暈

回去路上小心。
今天真的很開心，再見囉！正路。
再見。
羅奇亞　西餐
話說回來，還真令人擔心呢！不知道是否一切順利？
正路一定沒問題的。

我也這麼想。
！
啊，正路。
讓妳們久等了。
看你的表情，應該很順利吧？
嗯，大致還算成功。
那麼…你得到什麼情報了嗎？
那倒還沒有，但可以確定的是她願意向我們這邊靠攏。
做得太好了！
你用了哪些心理技巧呢？
我就照著圓香小姐教我的。
原來如此，你很行呀！

那些技巧也教我一下嘛！
什麼？
蝶野妳真呆，他怎麼能說出用哪些甜言蜜語去把妹呢？
咦？
須田小姐，我沒有去把妹！
我只是用了一些讓她會錯意的說詞…
那不就是在欺騙城戶小姐嗎？
我…我沒騙她！
不過，為了說服她，說些令她會錯意的話，不會太卑鄙嗎？
把對人的傷害降到最低…這就是最好的對策了。
可是，我們為了達成目的而傷害城戶小姐，這並不好吧？
蝶野小姐，妳知道我們現在的敵人是誰嗎？
社長派的人馬。
是的，城戶小姐就是社長派。

換句話說，對我們而言，她就是敵人。為了達成我們的目的，不論是敵人或友軍，想要不傷害任何人，根本只是理想。
正路並未做出想傷害城戶而欺騙她的事。
圓香小姐。
正路都是為了我們，他一開始原本因為罪惡感而拒絕扮演這個骯髒的角色，記得嗎？
是啊。
只想一身潔淨，是無法贏得找們期望的未來。
妳能了解嗎？繭子。

是我錯了。
不！繭子妳的想法並沒有錯。
我本來認為，為了獲得想要的東西，就算傷害到別人也無所謂。
今後這再也不是無可奈何的事。所以，妳要陪著我們，提醒我們這並不應該。
正路…
對…對不起。
抱歉，正路為我們承擔了討厭的角色…我們就事事依賴你…
別客氣。

叮鈴鈴
！
小田部長
090-3256-6287
接聽
拒接
啊，小田部長。
是的，您辛苦了。
咦？懲戒委員會的事前準備已經安排妥當了嗎？
好的…我們在這裡等您。
總算開始有動起來的感覺呢！
是的。
亞 西餐
小田部長，能請您進一步說明嗎？
嗯，有關監獄一事…

果然沒有召開懲戒委員會的記錄。
斷然
換句話說，妳們的懲戒並沒有經過公司正式程序，而是私刑。
咕嘟
……
這也可以證明妳們被調任到監獄工作，是違法的。
……
咦？這麼說來，只要向懲戒委員會申訴這件事，
我們就可以立刻調回總店是嗎？

這個做法並不是最佳選擇。
？
那個店長不做任何裁判或任免令，就等於支持他們，將真相永遠掩藏於黑暗中。
其中也有社長的施壓，這麼一來，到最後就是不了了之。
即使妳們回到總店，也無法防範今後出現同樣的犧牲者。
我實在不希望就這樣澆熄這股改革陋習的鬥志。
……

我認為還是應該追究社長偷情的責任！
目光炯炯
社長和那夥自私的人馬都應該被懲處，這樣才是對公司，也是對我們最好的做法。
我也這麼想。
所以要採取一些措施。
……
可能和一連串的事有關的城戶，已經先跟她談好，向我們靠攏了。
生田及相田由城戶私下負責遊說。
嗯…

這麼一來，生田店長及社長的立場應該岌岌可危。
不愧是清彥少爺，手腕真是高明。
你這麼出色，會長一定也會為你的成長而喜悅。
不，我現在還不想和父親碰面。
總之，懲戒委員會的事，請你再說詳細一點。
好的，首先是會議時間，決定星期一召開。
下星期一……

已經開始通知所有相關人員。
照片奏效了嗎？
可能是因為他們判斷直接詢問參考人的情報比事前調查有效，行動很快速。
比預期進度快了很多。
明天就是星期六了…必須立刻開始準備才行。
是的。
清彥少爺負責城戶那邊，
社長派人馬由我們來應對。

拜託您了。
起身
那麼，我先走了。
一定可以順利的。
那…接下來我們該做什麼呢？
把正路也捲入這件事，又讓你為我們做了這麼多，實在很抱歉。
不，沒關係，別這麼客氣。不過…

這個周末，妳們三人都好好地休息。
星期一會議開始前一個小時，在總店的賣場集合吧！
咦？要提早一個小時去總店幹什麼？
……
為了讓事情一切順利的最後工作！
笑

心理技巧大補帖

自我表露（Self-disclosure）

心理學家西尼・朱拉德（Sidney Jourard）發表的主張。積極表露真實的自我（自我表露），能與他人建立良好的關係。以「其實我是〇〇」等揭露祕密的方式也能達到同樣效果。

心理距離（Personal Space）

又稱為人際空間距離。是個人在心理上的防線，每個人都會有一個不感覺到壓力的距離，根據親密度不同，距離也有遠近。兩人之間的關係越親近，距離就越近。如果靠近對方半徑五十公分以內仍然被接受，應該就代表對方已經對你放鬆警戒了。

中途擱置

也就是蔡戈尼效應，經由心理學家蔡戈尼（Zeigarnik）實驗的結果得知，比起已完成的事項，半途被中斷更容易殘留在記憶中。「詳情在廣告後揭曉」、「後續說明請上網搜尋」等，是電視節目或連載漫畫等常用的手法。

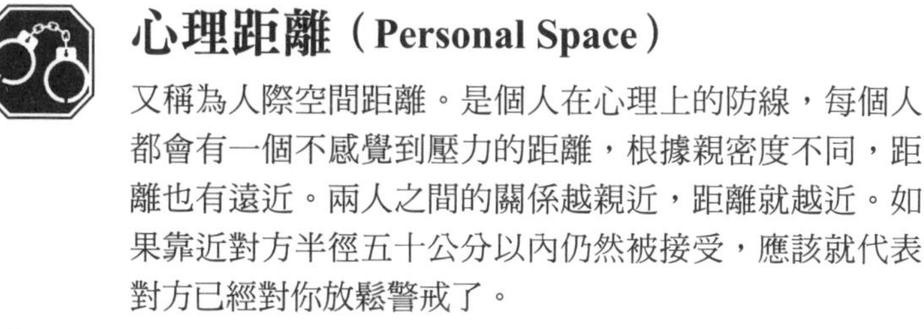

人氣王的心理戰略7-1 自我表露的應用

自我主張訓練

為了表達主見，不能一味地壓迫對方，先尊重對方的意見，再表達自己的要求。

對象

上司	就算覺得上司錯了，也必須表現出理解對方的態度。
客戶	即使客戶提出無理的要求，也要克制自己不要露出憤怒的表情。
後進	即使對方位階比自己低，仍然要注意選擇對方容易接受的遣詞用字。

關鍵

不能放任情緒不加控制，必須先尊重對方再提出個人主張，才容易被接受。

想要有效率的溝通，表達方式很重要

溝通有許多不同的形式，具攻擊性、故意挑釁，亦或不提自己的主張完全採取被動等。這些是因為對於他人和自己之間的「界限」有不同認知。

採取攻擊性的溝通，是因為不在乎他人

以「自我主張」改變部下的情境示範

先尊重對方的立場再提出個人意見，稱為「自我主張」。使用「我認為」的句子做開頭來傳達給對方的意見，取代可能攻擊對方的言詞。

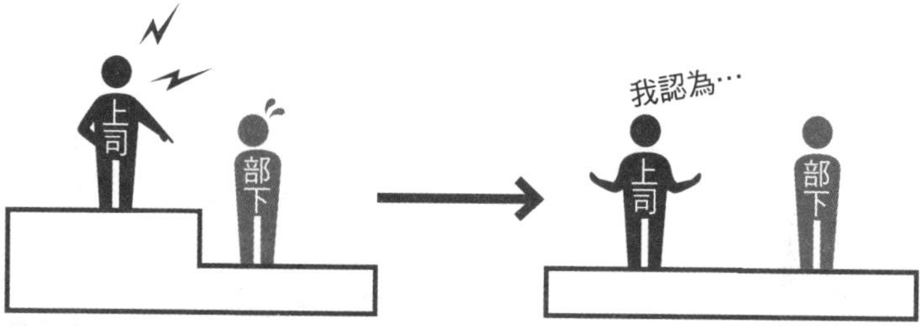

站在上司的立場時，容易變成是居高臨下的強迫，容易招來反彈。

設身處地表示換作自己會怎麼做，尊重對方的平等立場來表達意見。

的界限，容易傷害到他人。相對的，採取被動的溝通，則是沒有拒絕他人進入自己的界限，因此常受到攻擊而遭到利用。

自我主張（assertion）則是在不攻擊他人也不被人攻擊的前提，而提出個人意見。

自我主張是「適度的堅持」，在尊重對方的前提下表達意見，關鍵是不侵犯他人的界限、不勉強改變對方的意見。

你本來想對某人說：「你連打招呼都不會嗎？」運用自我主張來說服對方時，不妨換成：「我認為打招呼很重要，因為能潤滑人際關係」。以「我認為」來表達這是個人意見，取代了可能攻擊對方的言詞。

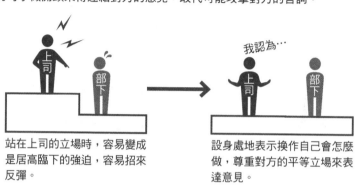

人氣王的心理戰略7-2 中途擱置的應用

放鬆效果

人們對於中斷的事情難以忘懷。
即使有人對你說「忘了也沒關係」，同樣會留在記憶中。

對象	
同事	與抗壓性差的人共事，協助他放鬆就能發揮實力。
後進	當人犯錯而沮喪時，給予安慰能防止工作效率下降。
異性	故意說「忘了也沒關係」，反而使對方印象深刻。

關鍵

安慰抗壓性差的人、消沉沮喪的人，能夠消除對方的緊張及罪惡感。

透過放鬆來提升記憶力及工作效率

冒失魯莽的人，再怎麼提醒他小心一點，仍然會犯同樣的錯誤。

比方說，你會不會覺得在「不能失敗」的情況下，絕對會出錯或是正式上場表現比平時差？

遇到這樣的情況，先停止對自己製造壓

辛巴洛的實驗

召集兩組大學生，分別給予不同期待的指令，再進行背單字的實驗，測驗放鬆效果對記憶力的影響

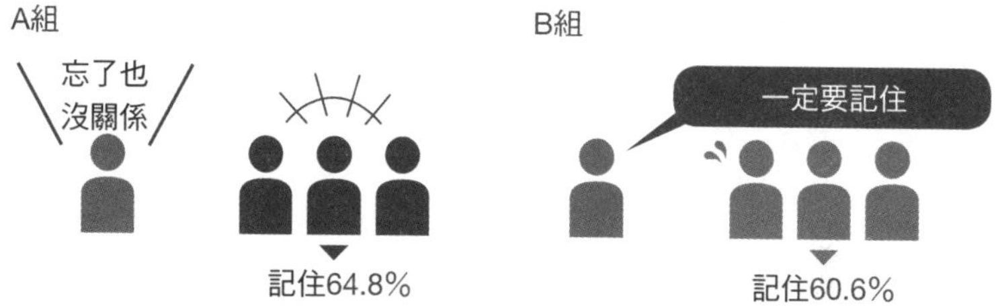
A組
忘了也沒關係
記住64.8%
B組
一定要記住
記住60.6%

收到「忘記單字也沒關係」指令的小組，反而記住更多單字＝因為放鬆而發揮實力。

力，不要告誡自己「絕對不能犯錯」，而是換個想法勉勵自己：「就算失敗也無所謂，總之先試試看再說」。

德門學院（Daemen College）的心理學家辛巴洛（Shimbalo）以實驗證明放鬆效果對記憶力的影響。他將實驗對象分成兩組，分別在事前告訴他們「忘記單字也沒關係」、「一定要好好記住單字」，結果發現前者反而能記住更多事項。

適當的壓力對工作效率及記憶力都能帶來良好的影響，但是如果有「失敗就完了」的過度壓力，肩頸容易過分用力緊繃，使肌肉僵硬。這麼一來，不僅記憶力，連體能表現都會產生不良影響。

任何事都需要適度的彈性。

人氣王的心理戰略7-3　自我表露的應用

言行一致的表情練習

人習慣去避開無法理解的事物。容易了解的人，受所有人的歡迎。

表情和言語要一致，才能真正傳達你的心意

人與人之間的面對面溝通，言語當然很重要，但表情同樣具有重要的意義。「言行一致」指的是表情符合傳遞的內容，相對的，看起來似乎在生氣，言語表達卻似乎很開心，這種表情不符說話內容的情況則是

對象

上司	開心的時候，不要忍耐告訴上司，上司也會覺得開心。
同事	單純容易了解的形象不會製造敵人。
異性	以言語及表情傳達想法，彌補異性間的差異。

關鍵

要記住如果沒有笑容，就算說的是積極正面的內容，對方也無法接收到正面的心情。

表情和言語一致能給對方好印象

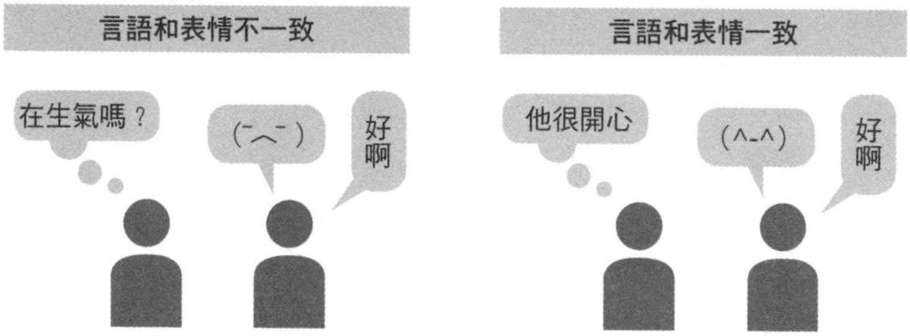
言語和表情不一致
在生氣嗎？
(¯︿¯)
好啊
言語和表情一致
他很開心
(^-^)
好啊

言詞說的是「沒問題」、「你做得真好」等正面用詞，卻露出一臉無聊的表情，聽的人會搞不清楚而納悶：「他真的這麼想嗎？」表達積極正面的情感時，也要融入表情和聲音，獲得對方共鳴。

「言行不一」。

面對想要融洽相處的對象，如果言行不一，就無法把你的心意真正傳達給對方。就算讚美對方的穿著「這件衣服真漂亮」，表情卻因為緊張而僵硬時，對方可能不會覺得受到讚美，反而可能懷疑你的真心，心想：「他該不會在諷刺我？」

同樣的，叱責對方時，如果言行不一，也無法傳達你真正的想法，即使是責備對方：「為什麼做出這種事！」聲音卻沒有高低起伏，也許會令對方認為「說不定你並沒有很生氣」。

只有言語和表情完全一致時，才能真正傳達出你的心意。溝通時務必注意要言行一致。

人氣王的心理戰略 7-4　心理距離的應用

熟悉度原理

人與人的空間距離，會與心理距離相符，越深入了解對方，越能縮短彼此的距離。

接觸機會多，自然能增加好感

男女之間雖然有差異，不過，有魅力的外貌、熱絡的勤勉、體貼周到的個性，不論男女都會很受歡迎，男性還可以再追加一個「經濟能力」的條件。

勤勉的人之所以受歡迎，和熟悉度原理有關。見面次數增加時，自然會增加好感。

對象

對象	
客戶	勤奮地聯絡，不要錯過對方需要你的時機。
朋友	就算只是吃個飯、小酌兩杯，時常聯絡能提升好感。
異性	利用各種小事多多互動是讓感情升溫的機會。

關鍵

過度頻繁的聯絡會令人「感到厭煩」，反而留下壞印象，所以必須掌握自然而然的時機。

熟悉度原理＝不斷見面的過程容易引起注意

透過頻繁地聯絡、增加見面次數，好感度就能上升。

在上班這種幾乎每天碰面的場合，容易發展成戀愛關係。偶然碰面的情況一再發生，也會有同樣的效果。

總是熱絡維繫關係的人能自然和對方保持溝通，也不會嫌聯絡繁瑣或與人見面是件麻煩事。

在頻繁見面的過程中，有別於外貌、經濟能力等立見分曉的魅力，言行舉止能夠自然流露細心體貼的性格，在接觸的過程，好感度上升，漸漸變成好意。

話雖如此，並非只要勤奮聯繫就表示一切都好。問候時機和給對方的體貼也很重要，如果不顧對方處境或心情，只顧頻頻聯絡，別說有好感，甚至會被貼上「糾纏不休」的標籤而遭人討厭。

適度的勤勉雖然無法立刻學會拿捏恰當，重要的是練習時刻懷著體貼對方、為他人著想的心情。

人氣王的心理戰略7-5　中途擱置的應用

時近效應

人們對於進行到一半就中斷的事物容易印象深刻，道別以前如果能表現得令對方印象深刻，就能留下更鮮明的記憶。

最後留在目光中的身影，容易深刻記在腦海

和情人分開之際，對方一臉戀戀不捨揮手道別的模樣，永遠也忘不了……這如果是分手再也不會見面的情人，就是蔡戈尼效應的影響。如果下一次還會見面，但忘不了最後的表情，那就是「時近效應」（recency

對象

客戶	賠罪道歉的時候，最後自信滿滿地離開，能獲得客戶信賴。
朋友	即使中途有意見分歧，最後表示「今天真開心」就沒問題了。
異性	臨別前帶著笑容離去，滿面笑容的印象將留在對方腦海中。

關鍵

不是只有分別之際，一開始面對面時，對方若是對你印象良好，就能確切留下好印象。

時近效應＝直到最後都不要大意，維持好印象

當人面對有興趣的對象，最後接收到的資訊被視為最重要的心理作用。

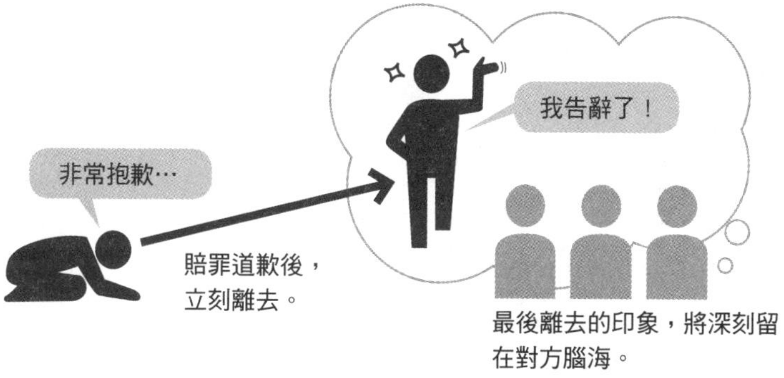
非常抱歉…
我告辭了！
賠罪道歉後，
立刻離去。
最後離去的印象，將深刻留
在對方腦海。

effect）的作用。

所謂時近效應效果，就是對有興趣的人，最後看到的訊息印象最深刻。這樣的心理作用，也稱為「最終效應」。

就如同人們常說：「結局好就是一切圓滿。」只要最後能以幸福的心情來收尾，就能神清氣爽，心情愉快。結局幸福快樂的故事，或許也同樣受時近效應的影響。

原本和情人愉快地約會，卻在道別前接到朋友的電話，不自覺地把情人晾在一邊，和朋友談得熱絡……情人原本心懷滿滿的幸福感轉瞬間消失無蹤，當然容易留下不愉快的回憶。

因此，直到最後都不能大意，必須帶著笑臉，記住以「今天真開心」的好氣氛，讓約會有圓滿的收尾。

實踐 心理學可使用的情境

A為了向B賠罪而來，因為接下來的交易已確定，因此為了毫無遺憾地消除芥蒂，決定運用時近效應。

A：這一次因為我的過失，造成您的困擾，非常抱歉！

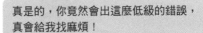

B：真是的，你竟然會出這麼低級的錯誤，真會給我找麻煩！

A：您說得一點也沒錯！

關鍵 即使想平息對方的怒氣，對方也聽不進去。這時候說明事情的原委，只會使對方印象變差，務必注意。

B：以後注意不要再犯同樣的錯誤！下次的交易還是拜託你了！

A：謝謝您！我會全力以赴！

A離開後

B：話說回來，這傢伙道歉挺有誠意的嘛！

第8章
接納彼此的差異，
建立更良好的關係

我們要團結合作，扳倒社長派！
那麼，星期一…
大家記得提前一小時集合喲！
我會小心不要睡過頭。
我的鬥志似乎都燃燒起來了！
那麼，各位請好好休息。
晚安！
好！
握拳

這時生田的房間——
叮鈴鈴
!
小田部長
生田希美
有要事商量
我有話要跟妳說。明天，星期六中午，在老地方的咖啡館等妳。
這…該不會是約會？
不可能吧…？之前小田部長那副冷靜的神情，他應該在生氣。
銳利
該不會是陷阱？可是…我能夠選擇不赴約嗎？
手腳揮舞
我到底該怎麼辦呢？
不安
焦躁

要選哪一套呢？該選比較端莊這件…
還是平常一點的打扮…
啊！
我…我在高興什麼…
大驚
SNoooP
這是背叛麗奈殿下的行為，我做不到！
可是…
小田部長以他冰冷的目光像在譴責我，我無法違抗他…
騷亂不已
啊啊…

希美…妳從剛剛就一個人在糾結什麼？
啊！
幹什麼？你怎麼沒問一聲就進來房間？
我剛剛敲過門了喲！妳不要緊吧？
有事嗎？
我本來想找妳去車站前新開的咖啡廳吃午餐。
看妳這個樣子，該不會是要跟小田部長約會？
咦？不是，我…
怪不得昨晚房間一直吵吵鬧鬧的，妳要加油喔！
對了！我教妳一個祕訣！和小田部長見了面，不妨製造「兩人共享的祕密」。
兩人共享的祕密？
是呀！只屬於兩個人的祕密♡

除了「兩人共享的祕密」，其他還有什麼妙招，教我吧！
嗯，生田小姐和小田部長本來就很相配。
迅速移動
哦？是嗎？
希美和我很像，是個好女孩。
性格完全相反的情侶，反而很相配。
很相配？
小田部長和生田小姐一個是S一個是M，可以說兩個人正好是互補型。

性格完全相反的情侶

也就是互補型原理。人們容易被身高、個性等和自己截然不同的人吸引，彼此形成互補關係，因此戀愛關係更加牢固。

我很高興你願意支持我。
不過，你是社長派，小田部長是會長派，如果我選擇小田部長，你明白這是怎麼一回事吧？
我當然知道！
我是依自己的個人意願跟隨社長，但妳有選擇小田部長的自由…
妳應該去過妳喜歡的人生。
爸…爸爸！
SNoooP
謝謝你…
討厭！妳這麼叫我，我會害羞耶！
SNoooP

突然找妳出來，真抱歉。
不…別客氣。
……
其實我正私下針對社長派運作一些事。
小田部長，您沒跟生田小姐接觸嗎？
我不懂妳的意思？
因為您說過她曾是您的部下，如果由小田部長來說服她，令她能向會長派靠攏，在許多方面都對我們有利。

嗯…
如果您和生田小姐接觸的話，不妨使用Yes－If技巧。
Yes－If技巧
站在對方的立場，以「如果我是你的話…」來提出自己的主張。這麼做的話，對方就會覺得你站在他的角度為他設想。
這麼說可能有些踰越了。
前幾天我曾問妳要選擇向哪一邊靠攏。
是…是的。
後來我聽到很多關於妳的傳聞。
尤其是監獄的審判…
銳利

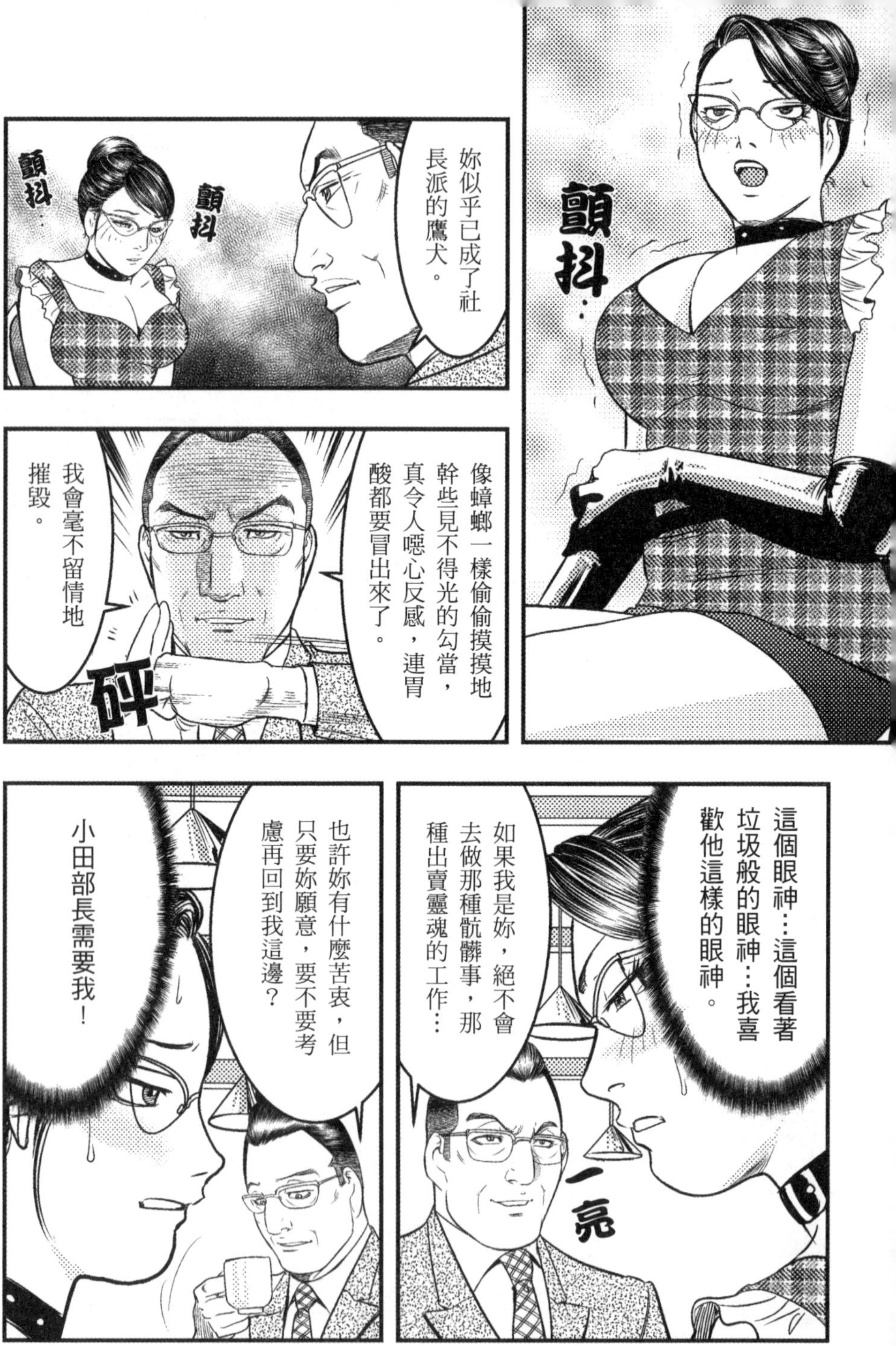
顫抖…
妳似乎已成了社長派的鷹犬。
顫抖
顫抖…
像蟑螂一樣偷偷摸摸地幹些見不得光的勾當，真令人噁心反感，連胃酸都要冒出來了。
我會毫不留情地摧毀。
砰
這個眼神…這個看著垃圾般的眼神…我喜歡他這樣的眼神。
如果我是妳，絕不會去做那種骯髒事，那種出賣靈魂的工作…
一亮
也許妳有什麼苦衷，但只要妳願意，要不要考慮再回到我這邊？
小田部長需要我！

可是麗奈殿下需要我，而且店長也是…
雖然店長說讓我隨自己的意思…
要是我跟著小田部長…那間店…
冷汗直流
麗奈殿下一定也會很難過。既然這樣，如果跟小田部長敵對…
這麼做不會傷害店長及麗奈殿下，還會招來小田部長責怪我的痛苦。
原來如此！我骨子裡流動的被虐狂血液作祟，比起愛情與溫柔，我更渴望的是責備。
小田部長，對不起。我無法背叛他們。
妳說對我忠心，原來只是嘴巴說說而已？
既然這樣，妳最好要有所覺悟！
站起

啊…他輕蔑的眼神，銳利得彷彿要把人射穿，我不會後悔的。
要是事情太順利就沒意思了…
呵呵
我該不會做了無可挽回的事…
叮鈴鈴
麗奈殿下
接聽
拒接
是麗奈殿下！
我是生田，您好。
不好意思，今天放假還打擾妳。妳待會兒有空嗎？
是，我在公司附近的○○咖啡廳。
哎呀，我碰巧也在附近，我這就過去，妳等我一下。
好，我知道了。我在這裡等您。

三十分鐘後
麗奈殿下，有什麼事呢？
其實…正路對我告白了。
太好了，恭喜妳！
謝謝，多虧妳幫我。
沒這回事，完全是您太有魅力了。
所以我想跟妳說，
我打算跟著會長派！
！
希望妳也能來助我一臂之力。

嗚…麗奈殿下，要是妳再早一點告訴我就好了。
抱歉，我必須拒絕。
我認為麗奈殿下獨自往會長派靠攏比較合適。
咦？為什麼…
您忘了嗎？要是正路知道您和社長的關係…
啊…
所以我還是留在社長派這邊，徹底保守您的祕密，以免洩漏。
堅定
妳竟然為了我…謝謝妳，生田。
和您為了我所做的一切相較之下，這只是區區小事…
五年前——
妳又被那些老鳥欺負了？

不，我不要緊的。
那些傢伙…我早就覺得她們很礙事。
沒有我做不到的事！包在我身上！我會讓她們降職。
魅生堂
MI SEI DO
抱歉，我要跟您道別了，麗奈小姐。
為什麼？
我父親的藥房做不下去了，所以只能回鄉下…
既然這樣，由我拜託菊菊，讓魅生堂買下來就好了。
然後，再把藥房改裝成時尚的店，這個點子不錯吧？
麗奈小姐…不！從現在起，請讓我叫您麗奈殿下，我一輩子都會對您忠心不二。
不需要客氣，我們是好朋友。
麗奈殿下，我很幸福。

瞄
對不起，我差不多該走了。
接下來我還有約會呢！
起身
麗奈殿下，路上小心！
精神奕奕
精神奕奕
星期一 魅生堂銀座店
開張前一小時
MI SEI DO

要大家這麼早來，辛苦各位了。
接下來我們該做什麼呢？
第一次見面時，我曾說要教妳們，我在巴黎所學的化妝技巧對吧？
你確實說過。
女性畢竟還是會因為化妝的心理效果而受影響改變，所以接下來我要為大家化妝。
正路幫我們化妝⋯⋯
化妝的心理效果
化妝不僅是讓女性看起來漂亮而已，也會為心理帶來良好的影響。透過化妝，能讓女性有自信、增加笑容、不容易感受到壓力等多重效果。

我話先說在前頭，這才是我的美學。
唔…嗯。
你有什麼意見嗎？
如果是東都歌劇團，妳的妝站在舞台確實很亮眼，不過，我們站在現實的舞台，也有適合這個舞台光彩奪目的妝容。
嗯…既然你都這麼說，那就只好麻煩你了。
妳能夠接受實在太好了。
那麼，先從小結開始。
咦？我嗎？有點難為情呢！

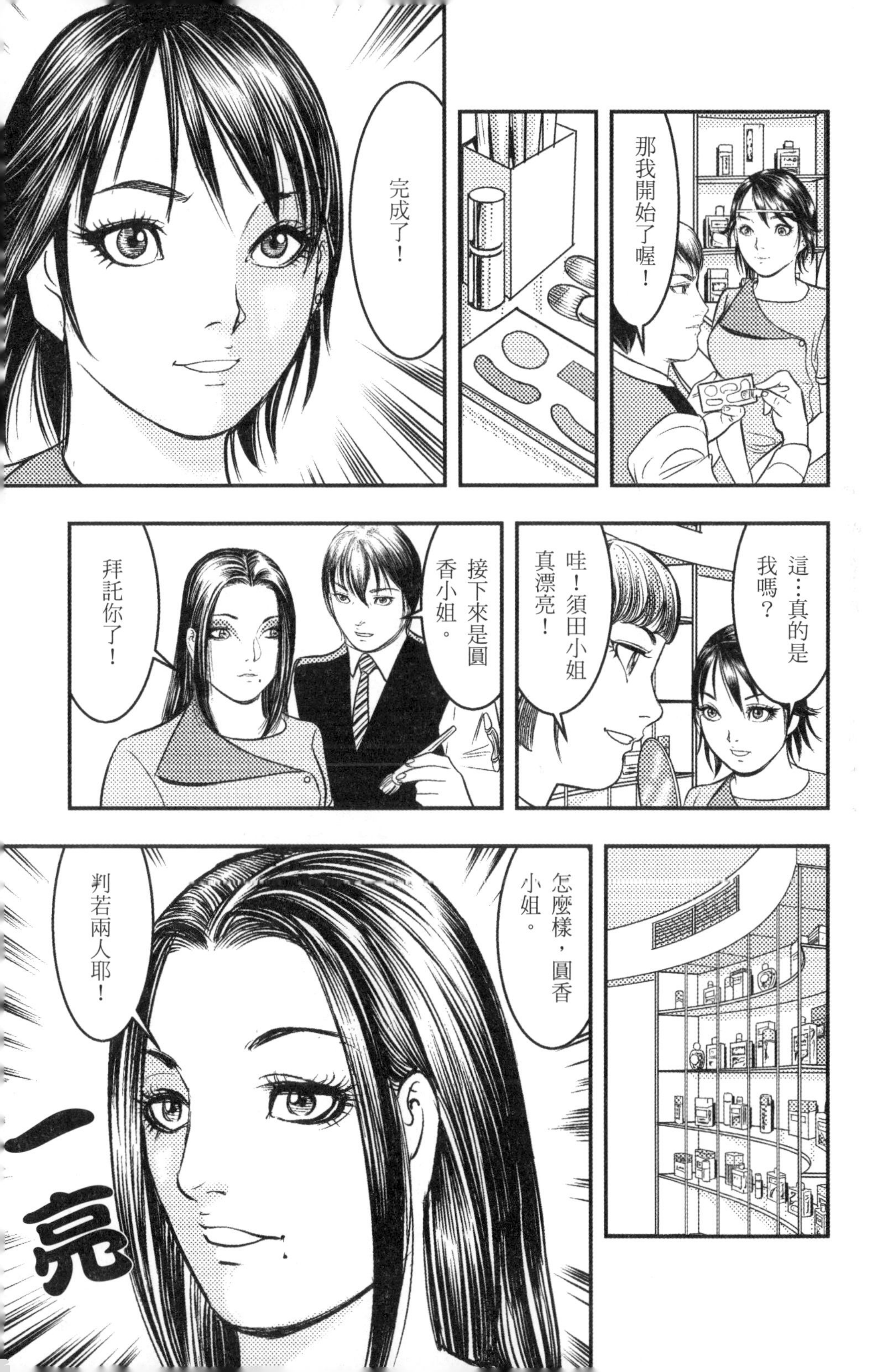
那我開始了喔！
完成了！
這…真的是我嗎？
哇！須田小姐真漂亮！
接下來是圓香小姐。
拜託你了！
怎麼樣，圓香小姐。
判若兩人耶！
一亮

最後是繭子。
好的。
一定會讓妳比現在更好看。
麻煩你了。
化好了！
好厲害！
亮—
透過化妝，確實能讓每個人的氣質跟形象不一樣呢。
我終於了解第一印象有多麼重要了！
大家看起來都判若二人了呢！
接下來還有服裝、姿勢也都要好好注意才行！
啪

咦？正路你不化妝嗎？
我不化妝的。
你現在這樣就很好了。
我們走吧！
好的。
終於要上場了！
門開
①②③④
叮

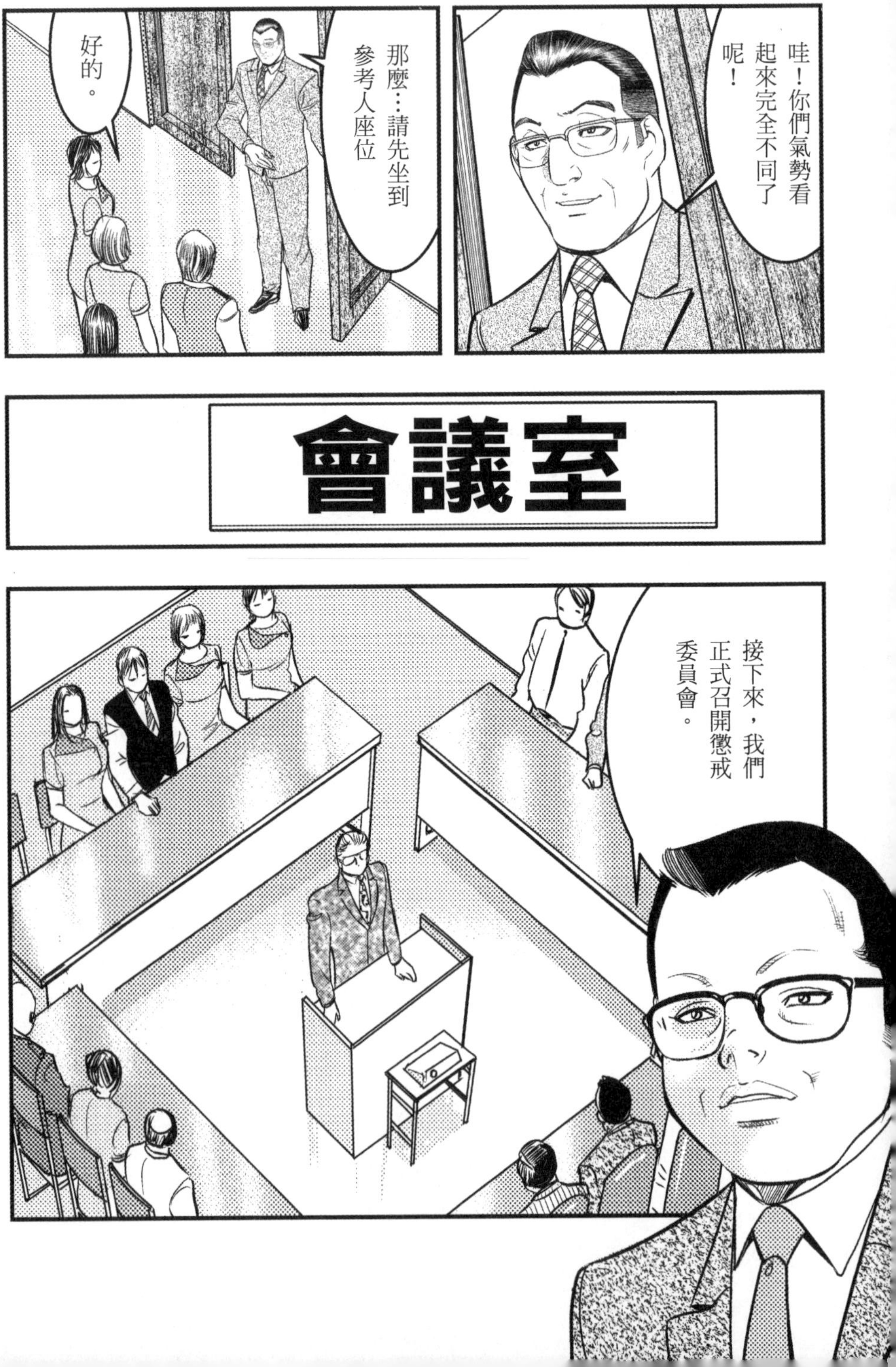
哇！你們氣勢看起來完全不同了呢！
那麼…請先坐到參考人座位
好的。
會議室
接下來，我們正式召開懲戒委員會。

心理技巧大補帖

性格完全相反的情侶

也就是互補型原理。人們容易喜歡上性格或成長環境與自己相似的人。但另一方面，卻又容易被身高、個性等和自己截然不同的人吸引，彼此形成互補關係，因此戀愛關係更加牢固。

Yes-If技巧

站在對方的立場，以「如果我是你的話…」來提出自己的主張。這麼做的話，對方就會覺得你站在他的角度為他設想。另外，「如果發生A的狀況，就進行B的做法」，這種事前決定的做法也是一種技巧，這麼做能防止他人事後表達不滿的情況。

化妝的心理效果

化妝不僅是讓女性看起來漂亮而已，也會為心理帶來良好的影響。透過化妝，能讓女性有自信、增加笑容、不容易感受到壓力等多重效果。

人氣王的心理戰略 8-1　性格完全相反的情侶之技巧應用

羅密歐與朱麗葉效應

受到彼此不同性格或背景的人吸引，
越是被周遭親友反對「絕對無法順利交往」，越無法自拔。

反對的聲音使得戀愛心情更高昂！

旁觀者一目瞭然，一眼看穿絕對不可能順利的戀情，當事人卻愛得死去活來。這樣的情況，多半都是周圍的反對，成了促進戀愛發展的催化劑。

像這樣因為周遭親友反對，反而使得愛火熊熊燃燒的情況，稱為「羅密歐與朱麗葉

對象

同事	溝通陷入僵持不下的狀態，暫停說服也是一個方式。
後進	意見遭到反對而沒有備案解套時，不妨給對方一些思考的時間。
朋友	朋友深陷不恰當的戀情時，勉強要他們分開會造成反效果。

關鍵

表達自己的反對後，交由對方自行判斷，比較容易往良好的方向進行。

羅密歐與朱麗葉效應

心理學家德瑞斯科針對一百四十對伴侶進行實驗，根據實驗結果，推論出戀愛三要素而命名。

①深信會發生火熱的愛情。
②身邊有足以成為戀愛對象、具有魅力的異性。
③周圍親友的反對等干擾戀愛的因素。

因為旁人反對而使戀愛更熱烈，和「心理抗拒理論」也有關係。當有人對你說「不行」，反而使你更渴望得到的心理作用，外遇或橫刀奪愛都是基於相同心理。

效應」（Romeo and Juliet effect）。

這是心理學家德瑞斯科（Richard Driscoll）根據莎士比亞著名愛情悲劇作品而命名。

德瑞斯科針對交往中的男女及已婚的夫妻進行調查，發現因為父母反對或某些阻礙時，兩人的感情更加熱烈。

為什麼阻礙或干擾會使戀愛情愫更高漲呢？其中一個關鍵因素是「興奮」。

當父母強烈反對交往時，光是受到對方言語的強烈批判就會使情緒高亢而處於興奮狀態，並將這種情緒高昂誤以為是戀愛伴隨的喜悅與興奮，所以愛得更深。

如果想說服對方停止和不當對象交往，先決條件是讓對方冷靜下來。

人氣王的心理戰略 8-2　性格完全相反的情侶之技巧應用

印象操作

人們會在不知不覺中喜歡志趣相投的人，配合對方的喜好，就能獲得好印象。

希望對方產生好感，需要適時投其所好

和「互補性原理」相對，人們下意識會選擇和自己相似的人。選擇條件究竟是基於外貌或性格雖然因人而異，但這種傾向選擇和自己相似的人，符合「配對假設」（matching hypothesis）的理論。

對象

對象	
客戶	有共同的嗜好時，能成為穿針引線的工具，加深彼此交情。
上司	贊同上司的想法，能留下好印象。
異性	配合對方喜好，容易讓對方認為你們志趣相投。

關鍵

過度配合對方，容易迷失真正的自我，留下痛苦的回憶，因此嚴禁過分操作。

配對假設＝受到和自己相似的對象吸引

多數的情侶會因為外表或經濟條件等條件，喜歡上和自己程度相近的對象。

雖然受到美女吸引，但最後選擇和自身條件相似的心理作用。人們傾向選擇身體魅力和自己相似的對象。

配合對方的喜好稱為「印象操作」，藉此行為提高對方對自己的好感。但過分操作，可能和真實的自我性格落差過大，反而害苦自己，所以應當適可而止。

有時，即使一開始並不太相似的同伴，由於「鏡像效應」（mirror effect）影響，在相處的過程中，彼此不自覺地採取對方的行為或思考，因而外表或性格越來越相似。

根據配對假設的理論，即使乍看之下並不相配的「美女與野獸」組合，從性格或經濟觀點來看，可能存在一拍即合的條件。

另外，為了讓對方覺得你們「在某些部分一拍即合」，可以試著配合對方喜好以改變自己在他人心中的性格印象，稱為「印象操作」(impression management)。

印象操作是基於任何人都擁有「希望受人喜愛」、「不想被討厭」、「和喜歡的人能夠兩情相悅」的渴望而衍生，但是要避免做得過頭，以免露出破綻，也失去真實的自我。

實踐 心理學可使用的情境

A希望B能注意到自己，所以設法符合 B 的愛好，希望能讓 B 留下好印象。

A：你喜歡哪一型的女生呢？

關鍵 不好意思直接問對方的喜好時，也可以拜託友人旁敲側擊。

B：嗯，我喜歡綁馬尾的女生。

隔天

A：我試著綁了馬尾。

B：很適合妳呀。

B：該不會…是為了我？

第 9 章
成為領導者需要有「夢」

接下來，懲戒委員
會議正式開始。
瞄

嗯…麗奈和希美都沒被列為參考人…
這麼看來，今天的議題不包含監獄一事。
也就是說，出問題的是公司內規（不倫），這個小問題，要扳回劣勢綽綽有餘。
沉思
那麼，今天的議題就針對違反公司重大規定的報告來討論，為了裁決懲處內容，所以請各位來參加。
果然不出所料。
會長，謝謝您。
關於這件事，我想直接請教社長。
社長，你有什麼要說明的嗎？
首先，我承認和女職員間的不當關係一事是事實。
！

我身為有婦之夫，卻做了和女職員談戀愛，這種不道德的行為。
若是公諸於世，想必會重挫魅生堂的企業形象。
敬禮賠罪
站在社長的立場，卻做出這麼輕率的行為。
我必須向所有公司員工謝罪。
衷心感到抱歉。
!!
雖然於法不容，但我並不是以輕率的心情和對方交往，我是真的愛她！
用力
哇！竟然公開表白…
雖然我知道對公司或對她都會造成困擾，但是身為一個男人，我無法停止對她的愛意。

雖然我未依行事該有的順序進行，但我原本就打算要和妻子離婚，與對方結婚。
結婚！
我知道聽起來像是狡辯，但我也早有受公司處分的覺悟，我願意接受應有的懲戒！
大概就這樣吧…外遇這種事，只要沒被媒體報導出來，不會有什麼大不了的懲戒。
對公司來說，也是內部自行解決比較有利。
會長藉著這芝麻大的小事就想取我項上人頭嗎？真是太天真了！你還太嫩了！
瞄
事情發展怎麼和我想像得不太一樣。
竊竊私語
竊竊私語
竊竊私語
光聽他的說詞，還以為真是一段純純的愛呢！

這八成是社長耍的手段。
先坦白自己的罪惡，挑明犯錯背景，以此博得同情，然後表現出一副甘願接受懲罰、令人敬佩的態度。
社長的手段？
挑明犯錯背景
在心理學稱為「自動化反應行為模式」。請求別人時，比起單純提出要求，附加說明理由的要求被對方接受的成功機率更高。
以社長的情況來說，為了博得「原諒我」、「減輕懲罰」的同意，因而加上「只是單純的愛情」之理由說明。
如果是不明就理的人，當然會輕易地相信。
因為他過去一直都是採取這個做法，判斷情勢後安然脫身。
社長，謝謝您。
……

根據您剛剛的說明，我們可以解釋成不適當的男女關係，從頭到尾都是因為純粹的愛情，對嗎？
是的，一點也沒錯。
原來如此。那麼，請看一下這些資料。
……
啪
！
啪
啪

這幾位都是應該在總店服務的女職員。
這幾天卻沒有依循正常程序被調到浦地分店工作。
有關這件事，我們也找了相關證人。請進。
!?
打擾了。
門開
我先介紹一下，這是在總店服務的城戶麗奈及生田希美。
這…是怎麼回事？

竟然找了麗奈和希美來，他們到底掌握了多少內情？
這兩個人仗勢著菊池社長的權力，狐假虎威。
你們把應該在總店服務的職員一個個送到照片上的場所，強制勞動…沒錯吧？
……
這張照片…是我負責的浦地分店。
我們只是因為人手不夠，所以和總店協調，由她們暫時支援。
哦？暫時支援？
……

委員長，有關這件事，我想聽聽其他證人的證詞。
可以。
須田小姐，暫時支援是真的嗎？
不！
分店長所說的並非事實！
妳別胡說…
我就是在這裡，接受那幾個人的私下審判，然後就被調任到浦地分店了。
妳有證據嗎？
這就不對了！
分店長，就算你說她們的異動是暫時的，我們半數以上的董事卻毫不知情，這就有問題了。
業務日誌

呃⋯
那是因為⋯
冷汗直流
這件事全是我個人獨斷獨行，和分店長無關。
竊竊私語
竊竊私語
竊竊私語
是我濫用總店經理的權力，把人員調派到浦地分店。
因為透過正式的程序有困難，我才會以獨斷的方式⋯
哼！從我和麗奈的不倫關係，擴大到監獄的問題，
難道是想藉由濫用職權及瀆職，打算彈劾我嗎？

有了希美這段陳述，我應該就不會被追究責任了吧。
奸笑
生田打算掩護我。
但是，我和清彥約定好了，我要往會長派靠攏……
清彥向我告白，表明他的身分時，他說：「要是有所隱瞞對妳不公平」……
我想成為一個能夠匹配他的女人。
!?
站起
是我指示生田的！

哦？
麗奈殿下！
什麼？麗奈！
我…的確和社長交往，而且是進公司以前就開始了。
不會吧？
我利用和社長的關係，以手中握有的權利命令生田。
麗奈殿下…
不是這樣的…她說謊！是我和社長有不正當的關係！

妳們在胡說什麼？
妳們有證據嗎？
菊菊…
滑
如果要照片，我這裡有，你要看嗎？
!!
雖然我說服生田失敗了，但清彥少爺成功拉攏了城戶小姐呢！
城戶小姐，不用了。
妳剛才的證詞就足夠了。
而且，我們也握有同樣的照片證據。
!?

什麼？原來……我遺失的手機是……
嘿嘿
回到剛剛的話題，社長放任城戶小姐利用不正當的關係而濫用職權……
結果造成浦地分店違法異動人員。
根據我們的調查，大約五年前，社長強行收購浦地分店。
接收原本是藥局的該店龐大債務並予以收購。
將經營該藥局的生田步雇用為分店長，他的女兒，也就是魅生堂員工生田希美，還有社長的情婦城戶，狼狽為奸把浦地分店作為私下懲處職員的場所。當時的收購計畫寫得天花亂墜，宛如對公司有利，其實一無是處，這才是實情。

以上就是本次懲戒委員會的議題。
應當站在鼓舞員工，管理公司的社長，卻沉溺於私欲。
基於此事，我認為菊池不適任社長的位子。
會長，你總是大唱高調，滿口理想。
指
你總是擬一些長期的偉大目標，結果呢？為了將來而拋下必要的投資，結果要是無法回收，只不過是單純的負債。
理想能當飯吃嗎？光談不切實際的東西，有什麼價值？
咚！
比起不切實際的夢想，追求實際利益更有價值，不是嗎？
那你就錯了！

肯定法

把目標說出口，或是在心中默念，藉此激發幹勁，稱為「肯定法」。

霍桑效應

即使是習慣偷懶的人，只要告訴他，你正在「觀察」他，也能因此提高工作效率。同樣利用這個原理，藉由說出夢想，表示「一起實現吧！」讓人產生動力。
另外，搭配「睡眠者效應」，即使是聽起來有如謊言的內容，隨著時間增長，真實感反而與日俱增的作用。

人們願意跟隨讓自己有目標，能讓自己看見夢想的人，即使只是光芒耀眼的豪言壯語。

妳在說什麼鬼話！
不要拘泥於眼前的利益，放眼更遠大的目標及理想，鼓舞員工。

這樣的人居上位，員工當然就能自動自發地展現能力，讓工作產生良好績效。

也就是說，會長的胸襟，才能一肩扛起指導者的大任。
一個小小的臭娘們懂什麼…

菊池，我從來不知道原來你有這樣的想法。
這是…
對我而言，你一直是個優秀的部下，我始終很肯定你的能力，相信你未來必定能讓公司邁向國際地位…
我抱著這樣的想法讓你當社長，可惜，看樣子這個想法並未確實傳達給你。
……
交頭接耳
交頭接耳
接下來宣布裁決結果。

和公司職員產生不當的男女關係，並共謀而損害公司利益，違反社長責任，罪責重大。
站在公司立場自不用說，站在社會角度也不能容許。
因此，我們判斷你不適任社長一職，要求你卸下社長職務。
嗚…
把裁決呈交下次的董事會！
嗚嗚…
另外，和這一連串事情相關的…
生田步，你涉嫌占用組織資源，追求個人利益…
咕嘟

不過，基於你並非站在主導立場，這次只給你嚴重警告。
今後，浦地分店將進行盛大改裝，希望你能全力以赴…
是的。
呼
此外，生田希美，同樣是做出追求個人私利的不當行為，
!
證據充分，而且妳也認罪了，予以降級處分。
最後是城戶麗奈，妳坦白罪行，提出對自己不利的證據。
……

考慮到妳已經充分反省，所以不予解雇，
改以減薪三個月的嚴重警告處分！
謝謝…
敬禮
麗奈殿下…太好了！
這麼一來，我們就能回總店了呢！
嗯。
嘀咕
嘀咕
大家都很努力呢！

以上是所有裁決，懲戒委員會到此結束…
等一下！
!?
瞄
我無法接受這個裁決！
!!

心理技巧大補帖

挑明犯錯背景

在心理學稱為「自動化反應行為模式」（automaticity）。請求別人時，比起單純提出要求，附加說明理由的要求被對方接受的成功機率更高。

以社長的情況來說，為了博得「原諒我」、「減輕懲罰」的同意，因而加上「只是單純的愛情」之理由說明。

肯定法

「我想成為○○」、「我希望能做得像△」等，像是說給自己聽，藉此提高動力的方式，稱為「肯定法」（affirmation），具有自我暗示的效用。把目標說出口，或是在心中默念，都能激發幹勁。

霍桑效應

即使是習慣偷懶的人，只要告訴他，你正在「觀察」他，也能因此提高工作效率。同樣利用這個原理，藉由說出夢想，表示「一起實現吧！」讓人產生動力。

睡眠者效應（sleeper effect）

隨著時間累積，效果逐漸增強的作用。例如：說出「我們公司的產品，品質是世界第一」，即使一開始拒絕相信，隨著時間的累積，訊息來源和訊息本身分離，結果使得訊息的說服力增高。

人氣王的心理戰略9-1　自動化反應行為模式的應用

三大需求理論

一如說明理由可以讓對方接受你的請求，使工作目的明確，能提升動力。

對象

部下　後進

根據各個不同類型，說一些能夠提高對方幹勁的言語，激發對工作的動力，並提高工作效率。

客戶

希望客戶協助時，刺激對方的欲望，煽動對方加入的意願。

關鍵

工作時最重要的是必須記住因人而異，看穿每個人不同的性格典型非常重要。

根據不同動機，安排適合工作就能發揮實力

一如每個人為了什麼理由而工作因人而異，促使人們投入工作的動機也各不相同。美國經營管理顧問大衛・麥克利蘭（David McClelland）提出「三大需求理論」（three-needs theory），說明驅使一個人工作的三項動力。也稱為成就動機理論

需求理論＝提升工作幹勁的三要素

需求理論　**麥克利蘭提倡在工作上的三大動機，三項動機的消長狀況因人而異。**

權力　影響他人的需求。
企圖掌控部下，也具有強烈的競爭意識。

成就　想達成工作任務的需求。
重視成長及達成目標遠勝過報酬。

歸屬感　希望受他人喜愛，期望建立緊密人際關係的需求。
重視團隊合作。

相反的，工作幹勁下降的動機

迴避　厭惡風險，希望維持現狀。
企圖逃避較高的目標，抗壓性差。

（Achievement Motivation Theory）。這三項動力分別是「權力」、「成就」，以及「歸屬感」。

「對權力的需求」出自希望影響他人的欲望，是驅動領導能力變強投入工作的動機。

其次是「成就的需求」使人們願意全力以赴，有效率進行工作，有問題時想改善的欲望。基於這個需求，人們持續而不懈怠地努力，能夠達成高品質的工作。

最後是「歸屬感的需求」。重視團隊合作的重要性、維持良好人際關係的欲望，基於這個需求，能夠創造良好的工作團隊。

雖然麥克利蘭說任何人都具有這三項需求，不過每個人究竟由哪一項需求主導，則因人而異。掌握不同動機，安排符合需求的工作，就能有效發揮能力。

人氣王的心理戰略9-2　自動化反應行為模式的應用

畢馬龍效應

有效運用理由，能促使人付諸行動。
另一方面，讚美對方的努力，也是促使對方行動的力量。

栽培人才時，與其讚美結果不如讚美努力

如同人們常說的「在讚美中成長」，讚美的言詞有促進人們成長的效果。人們因為被讚美，認為自己「受到肯定」、「做到符合期待的事」，動力增強，因而令人更願意努力。

對象

部下	就算結果差強人意，讚美並肯定部下曾做的努力，能讓部下繼續力爭上游。
朋友	除了能加深友誼，也能在你遇到阻礙時，獲得鼓勵。
異性	藉由讚美使得對方更有魅力時，對你而言也是件值得開心的事。

關鍵

沒有人被讚美會感到不舒服。讚美對方的努力，就能令其不畏失敗加倍成長。

卡蘿．德威克的實驗

請四百個小孩進行拼圖遊戲，分成兩組，分別讚美其表現成果，或讚美努力過程，觀察對工作動力的影響。

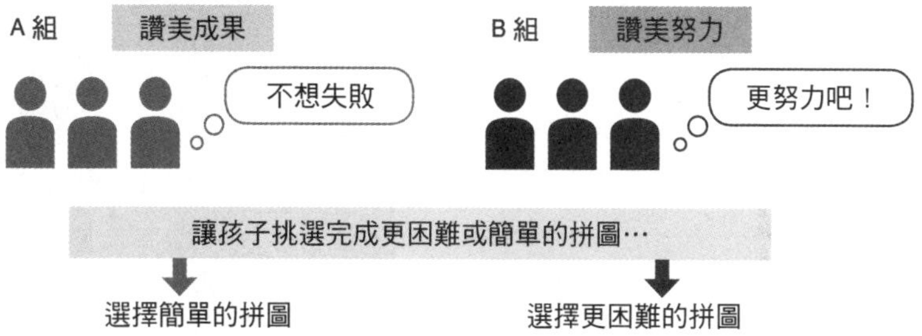
A 組
讚美成果
不想失敗
B 組
讚美努力
更努力吧！
讓孩子挑選完成更困難或簡單的拼圖…
選擇簡單的拼圖
選擇更困難的拼圖

要讚美的，不是成果，而是努力的過程！

像這樣給予期待，因而產生希望能滿足期待的心理，稱為「畢馬龍效應」（Pygmalion Effect）。

心理學家卡蘿．德威克（carol S. dweck）曾以四百個小孩為對象，進行拼圖遊戲的實驗。她把孩子分為兩組，並分別讚美孩子完成拼圖結果，以及讚美孩子在拼圖過程中的努力。結果被讚美努力過程的一組，更願意繼續挑戰難度高的拼圖。

德威克推測，一旦只讚美成果，孩子可能會擔心下次失敗時豈不是會使對方失望，因而心態傾向保守。

在日常生活中，若是想要保持動力，不斷挑戰更困難的課題，重要的是讚美過程而非成果。努力能夠獲得讚美，就能有繼續努力的動力。

人氣王的心理戰略9-3　自動化反應行為模式的應用

詞語聯想測驗

說明理由能增加說服力。
另一方面，沒有說明而避開話題時，會被認為有難言之隱。

「擔心事情敗露！」的焦慮
使得行為舉止變得不自然

要描述過去的痛苦回憶當然很痛苦，甚至連回想也覺得苦澀。如果意識到他人似乎要跨步侵入個人領域時，為了逃避討厭的話題，就會三緘其口。

雖然是必須說明才能知道的事情，但連

對象

同事	極端避開特定話題時，有可能隱瞞某些祕密。
客戶	若得到不自然的回應，改變提問來接近客戶很有效。
異性	如果對象只容易害羞倒無所謂，要注意是否說謊。

關鍵

重要的是認清對方是否意圖隱瞞自卑的情緒，或是想對某個重大問題含糊其辭。

以詞語聯想判斷情結

心理學家榮格（Carl Gustav Jung）發現，拋出某些詞語（刺激語）時，可由對方的反應看出懷著什麼情結。

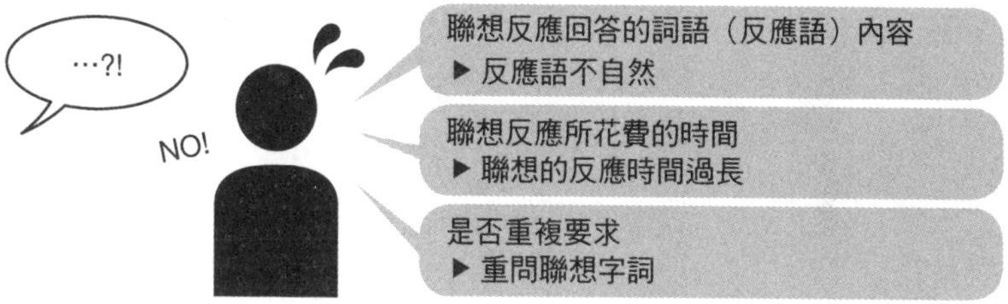
…?!
NO!
聯想反應回答的詞語（反應語）內容
▶ 反應語不自然
聯想反應所花費的時間
▶ 聯想的反應時間過長
是否重複要求
▶ 重問聯想字詞

產生這些反應時，可能懷有與刺激詞語相關的情結。

解釋都嫌麻煩。心理上的情結，也有同樣的狀況。

所謂的「情結」（complex），在心理學指的是「錯綜複雜的感覺與信念所形成的結」。一般人常說的「戀父情結」、「戀母情結」、「自卑情結」等，都屬於心理上的情結。

人們在交談時，當觸及懷有情結的話題時，會下意識地避開。以「戀母情結」來說，日本人對有戀母情結的男性普遍印象不佳，通常有著「不夠獨立」、「在母親溺愛下長大、受到過度干涉」等負面標籤。因此，有戀母情結的男性，知道社會對此普遍沒有好感，所以不希望他人認為自己有戀母情結，因此習慣下意識避開有關母親的話題。

榮格的詞語聯想測驗，揭露人性深層心理

榮格的詞語聯想測驗（word association test），是一項「分析心理學」方法，情結的存在對於剖析人類心理扮演重要角色，運用詞語聯想，能夠發現連當事人都沒察覺的情結。

方法是針對一百個項目做聯想回答。因為是面對面進行的測驗方式，詳細分析說出回答前的反應、花費的時間等，能夠掌握懷有哪些情結。

比方說，對於「刀子」的刺激語（關鍵字）反應不自然，或是反應的時間過長，可能就是對於和「刀子」相關的事項懷有某種情結，例如：曾經被刀子刺等。

當同事或異性特別避開某個話題，或是言行舉止不自然等，可能就是基於情結而表現出來的反應。

任何人被觸及情結都會感到痛苦，請試著若無其事地不要追問。

出現不自然的反應，很可能是因為懷有某些情結。

第 10 章
接受現在的自己，
才能開拓美好未來

我無法接受
這個裁決！
！
須田小姐，什麼讓
妳覺得無法接受？
斷然
生田小姐和
城戶小姐的
裁決。
她們承認自己有罪，說
出對自己不利的證詞。
這一點我明白。
……
……

但是，這些處分都只針對她們濫用社長職權。她們對於蒙上不白之冤、被送到監獄的我，連一句道歉都沒有。
這樣就要說她們有反省，我絕對無法認同。
對不起。
……
小結…裁決都出來了，這不就好了嗎？
我才不要！我無法接受！
堅決
須田小姐，還有本村小姐、蝶野小姐…
我不知道如何才能補償我曾對妳們所做的事，我也不認為妳們可以輕易地原諒我。

地
跪
真的很對不起！
！
妳幹什麼？這⋯
如果是以前的我，我一定不會覺得自己有錯。多虧清彥，讓我改變了想法。
小結⋯
好，我明白了。
咕

既然這樣，我不要求妳補償，只希望妳能發誓，以後不要再平白給人安上罪名！
我發誓。
咳
嗯…可以了嗎？那麼，會議正式結束。
……
我明白清彥你在想什麼喔！
咦？
你那時候對我說，想更進一步了解我，其實是騙我的吧？

不…我怎麼會…
沒關係，你不需要隱瞞。
而且，我知道你喜歡的是蝶野小姐。
咦？妳怎麼知道？
我看了你的眼神就明白了。
城戶雖然已和我約定要向會長派靠攏，但還是不能大意…
我想問妳…
妳和社長也是像我們這樣約會嗎？
不…

我和他總是只能在平日，避開旁人耳目的地方碰面。
從來沒有像現在這樣約會過。
啊！
抱歉…我問得太失禮了。
不用介意。既然這樣，我也要問一件失禮的事。
你為什麼會那麼在意本村她們呢？
那是因為…我很尊敬父親，同時，在父親經營下壯大的魅生堂，我也引以為傲。
我不希望在這樣的公司，看到因為公司感到痛苦的員工。
那你對本村或蝶野難道沒有個人的想法嗎？
如果是個人想法，對每個人都有喔！

本村小姐教了我許多有關人類心理的知識。
從須田小姐身上則學到如何不被逆境打敗。
蝶野小姐總是笑容滿面，任何時候都保有一顆光明坦誠的心，我從她身上看到一個人的柔軟和堅強。
！
怎麼…
他果然…
既然妳都知道了，為什麼還會想靠攏會長派呢？
看到你坦白正直的眼神，我也希望過著能夠不覺得羞恥的生活。
剛剛小田部長請我擔任總店的儲備主管。
……
……

他想幫我安排到一個對我和社長毫不知情的部門，讓我重新出發。
那真是太好了！
所以，我和你就這麼好聚好散吧！
什麼？
轉身
看到你這樣的表情，我有點開心呢！
多虧你，我才能擺脫這一切討厭的事呢！
而且光是這幾天，怦然心動的感覺是我有生以來第一次，我很開心。
我真心感謝你，沒有絲毫怨恨，所以我希望帶著這樣的心情做個了斷。
城戸小姐…

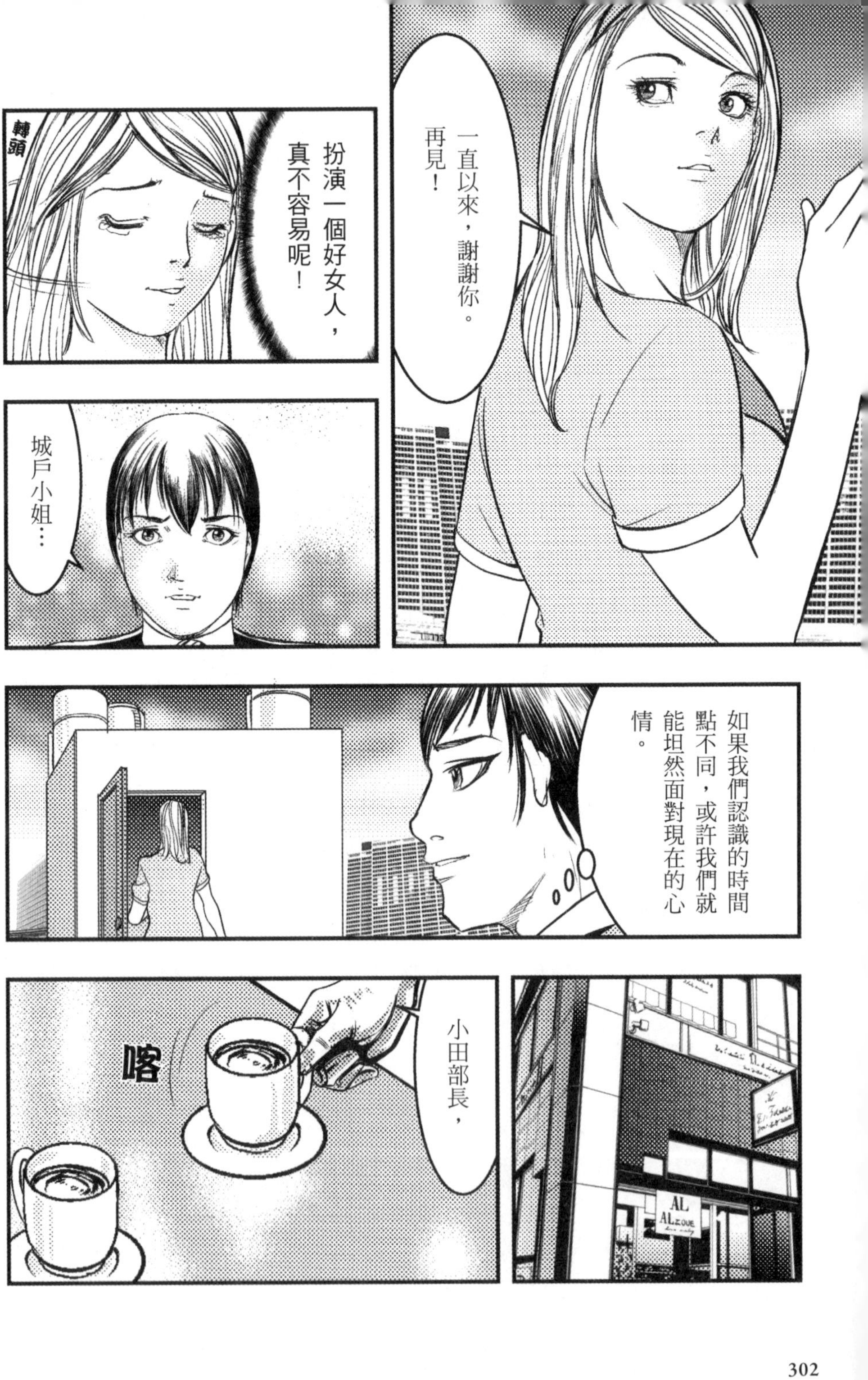
一直以來，謝謝你。再見！
轉頭
扮演一個好女人，真不容易呢！
城戶小姐…
如果我們認識的時間點不同，或許我們就能坦然面對現在的心情。
小田部長，
喀

非常謝謝你！
謝我什麼呢？
今天裁決的事，謝謝您讓我繼續留在公司。
這不是我決定的事，所以妳不需要向我道謝。
不過…
驚
！
重要的是，發生這次的弊端，妳不能再擔任經理。
因此公司預定有人事異動…
銳利
該不會…監獄！

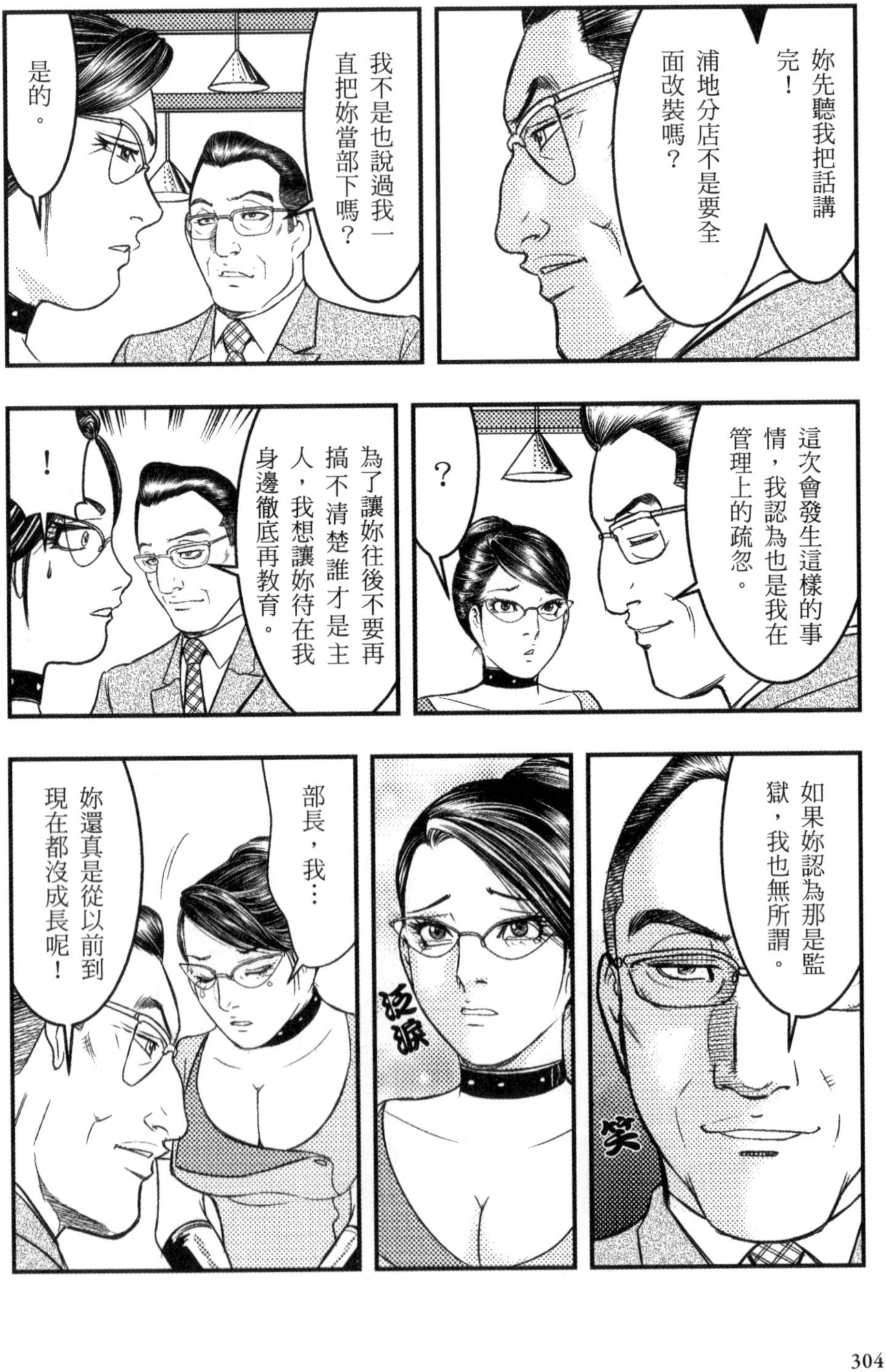
妳先聽我把話講完！
浦地分店不是要全面改裝嗎？
我不是也說過我一直把妳當部下嗎？
是的。
這次會發生這樣的事情，我認為也是我在管理上的疏忽。
？
為了讓妳往後不要再搞不清楚誰才是主人，我想讓妳待在我身邊徹底再教育。
！
如果妳認為那是監獄，我也無所謂。
笑
泛淚
部長，我…
妳還真是從以前到現在都沒成長呢！

和我剛認識妳的時候一點都沒變。
把眼淚擦一擦！
遞
哇！
啪
為什麼我總是無法抗拒他的眼神…
嗚
嗚
我雖然是M，但是被欺負和被虐是不一樣的。
門開
濕淋淋
濕淋淋
我這副樣子沒辦法回去上班，
還好住得很近，我先回家換個衣服…
等一下！
！
妳怎麼這副德性？

妳這個樣子在公司閒晃會令人不快…過來！有預備的制服。
啊…可是…
拉住
妳在磨蹭什麼！
啊！
嗚嗚…
妳為什麼會弄到全身濕淋淋？妳哭過了是吧？

咦？我故意弄得那麼濕，他怎麼知道我哭過了。
妳是生田對吧？
是…是的。
我雖然不知道妳有什麼苦衷，但是痛苦的時候，不需要逞強，強顏歡笑是沒用的，所以不需要勉強自己笑，生氣也沒關係。
！
泛淚
今天不用回公司沒關係。
遞
那可不行！
這是我的命令！就照我說的做！知道嗎？
銳利
心動
心動

我可以和以前一樣接受小田部長的指導。
我可不會手下留情，妳得做好心理準備！
好的！麻煩您了！
會議室
呼～雖然他們說可以回家了，不過還真累人呢！
而且，還是很沒真實感。
是嗎？我倒是很有成就感呢！
啊，正路！

怎麼樣？她可以接受嗎？
嗯，她大概察覺到我們的狀況了。
哎呀，明知是陷阱，還是願意協助會長派嗎？
真不像她的個性，令人敬佩！
看她的樣子，應該是真心改邪歸正了，正路很有兩下子嘛！
哪有？別這麼說！
所以，你要和城戶交往嗎？
！
不，我被她甩了。
呼…
瞄

這件事總算解決了，我們是同期，就不要見外，有話直說吧！
說的也是。
咦？難得有這個機會，我們來辦一下慶功宴吧！
今天太累了，大家的慶功宴擇日再辦吧！走吧！圓香。
嗯，辛苦了。我們先走了。
這兩個人，該不會…
大家怎麼都回去了，我還想開慶功宴呢。
那就來開慶功宴吧！
咦？
只有兩個人的慶功宴？
我一直都希望能和蘋子單獨相處。

其實…我也是。
哇！我說出來了！
扭扭
捏捏
那就這麼決定了，我們去居酒屋。
啊，去居酒屋我又會喝得過多，我們去其他的店吧！
我之前也說過，希望藺子保持妳本來的樣子，對吧？
是啊…
握
藺子拿著啤酒杯，豪邁地一口喝完的樣子，我也很喜歡！
乾杯
乾杯
咕嘟
臉紅
請你再說一遍。

我喜歡妳！
張開
雙臂
握
咦？
我也是。
緊握
哈哈哈，我們走吧！
好。

社長卸任後的魅生堂，不倫事件並未在社會上造成騷動。
會長以兼任社長的形式，更新董事會人事。
魅生堂
MI SEI DO
社長派的董事沒有抗拒或任何抗爭，一切平靜收場。
而後，魅生堂浦地分店經過大規模改裝，
改頭換面成了時尚明亮的新店舖。
嗯
真漂亮！
昔日監獄的影子一掃而空。

魅生堂發表前所未有的概念新商品，廣獲好評。
這個計畫…相當不錯呢！
神采奕奕
不僅提供美容健康等身體上的照顧，也兼顧心理的健康。
心理健康諮詢的服務廣受社會大眾好評，盛況空前。
應用心理學提供的建議，精準實用，在全國女性間造成話題，成為魅生堂的一大特色，受顧客喜愛。
歡迎光臨！你有什麼煩惱嗎？

悪用禁止！

暗黑心理學

最好要牢記的心理學10-1

敵意歸因偏誤

總是為了什麼而心神不定、焦慮不安的人。
這樣的人，具有某些心理學上的特徵。

焦躁不安、具攻擊性的人稱為「A型人格」

即使只是雞毛蒜皮的小事，只要有點在意，就一定會抱怨的人、為了莫名原因而焦躁不安的人……在心理學上，把這些容易產生攻擊行為的人稱為「A型人格」。

A型人格的特徵是「總是很匆忙」、

對象

同期	改變對方的想法是不可能的。盡早放棄、置之不理才是最佳對策。
上司	上司的怒氣不要全盤皆收，不要計較，心情也會變輕鬆。
異性	把生氣的原因歸咎於他人，永遠無法改善問題。與這樣的人保持距離才是上策。

關鍵

經常為了雞毛蒜皮的小事而生氣的人，結果不管你做任何事，他都會生氣，趁早放棄反而輕鬆。

敵意歸因偏誤（hostile attribution bias）＝對於他人行為採取惡意解讀的思考方式

敵意歸因偏誤　看待他人對自己做的行為時，即使對方沒有敵意，也不會朝善意的方面解讀，而是往惡意（扭曲）的方向解讀。

看待他人
對自己做的行為時
把對方的行為
解釋成惡意
採取報復行為

當別人對自己做出某些行為或反應，就斷定「他故意對我不友善」，稱為「敵意歸因偏誤」。產生這個思考方式的人，容易對他人採取報復行為。

「非常具有競爭性」、「愛生氣」等。相反的，看不出這些特徵的人，稱為「B型人格」。

雖說具有攻擊性格，但實際上是否會採取攻擊行為呢？美國心理學家埃文斯（Evans）針對這件事進行實驗。

他以美國及印度的公車司機為對象進行調查，依據A型人格及B型人格調查，發現具攻擊性的A型人格發生車禍的次數，遠比B型人格來得多。不論印度或美國，A型人格的司機對其他車輛表現超車、追撞、按喇叭等具攻擊性的行為更為頻繁。

無關乎國籍、文化，A型人格容易產生攻擊行為，所以敬而遠之才是上策。

最好要牢記的心理學 10-2

善用左右臉表情

人的左右臉並不是完全對稱，
巧妙運用左右臉表情的差異，可以在各種場合給人不同印象。

左臉透露內心真實情緒

人與人互相溝通時，從對方的表情讀取的資訊比想像中更多。

原本以電話交談的人，一旦面對面接觸後，印象因而產生很大的差異，可以說就是這個緣故。

從臉部表情被人讀取的資訊，其實左右

對象

對象	
上司	右臉的表情給人知性的感覺，表現出有工作能力的印象。
同事	想促進友誼時使用左臉；想牽制對手時利用右臉。
異性	讓對方看到左臉表情，能表現出有別於專注工作的親切感。

關鍵

右臉的表情看起來較銳利、左側的表情看起來較溫和。感情變化較容易顯現在左臉上。

左臉是私人表情；右臉則是公共表情

心理學實驗顯示，人的左右臉有別，左臉容易呈現內在情緒的表情；右臉則呈現社交功能的表情。

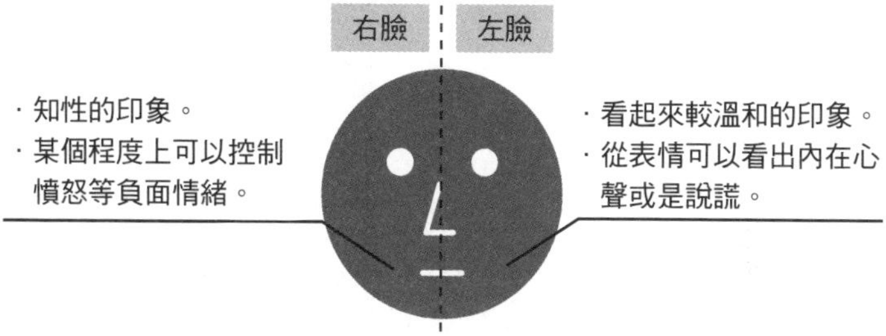
右臉
左臉
· 知性的印象。
· 某個程度上可以控制憤怒等負面情緒。
· 看起來較溫和的印象。
· 從表情可以看出內在心聲或是說謊。

對於希望博得信任或親近的人，讓對方多看自己的左臉，所以盡量位於對方的右側；相對的，希望能比對方位居優勢的時候，盡量讓對方看到自己的右臉較有效果。

不同。這是因為人的左右臉並不是完全對稱。每個人的左右臉多少都有些微差異。拍下自己的正面照，從正中央裁切，把同一邊的臉組合後，應該就能發現左右臉的差異。

一般而言，右臉（自己的右側）給人較銳利、知性的印象，所以稱為「社交臉」、「公共表情」等。

相對的，左臉（自己的左側）和右臉相較之下，給人較溫和、容易親近的印象，所以稱為「內在臉」、「私人表情」等。另外，左臉通常也更容易呈現憤怒、悲傷等內在情緒。

在生意的場合中，盡量讓對方看到右臉表情；在私人場合，和朋友或異性往來時，則不妨盡可能向對方展現左臉表情。

最好要牢記的心理學10-3

同意效應

一味表達自己的意見，只會使對方更頑固。
先以「您說對吧？」取得贊同，容易順利達成雙方共識。

改變語尾的口氣，就容易取得對方同意

商場上和對方意見相左時，只是一味表達你的意見，或只顧自己行事方便，是不行的。讓對方保有面子的情況下，接受你的提案，懂得這點才是傑出的商場高手。為了能交涉成功，能否掌握決定權，對於結果有很

對象

同事	不要讓對方覺得你是太過自我的人，就容易聽得進去意見。
後進	對於頑固的人，藉由詢問他「沒錯吧」，來取得對方讓步。
異性	如果對方個性優柔寡斷，多問一句：「可以吧」，能讓進展順利。

關鍵

「沒錯吧？」的問句，不論對頑固或優柔寡斷的人，都能發揮效果。

同意效應＝根據對象改變語尾口氣

交涉時如果和對方意見相左，傳達意見的方式將大大影響對方的反應

我覺得這麼做比較好。
啊，是嗎？
這麼做比較不好嗎？
是這樣嗎？
我覺得這麼做比較好，你認為呢？
照這個樣子就可以。
這麼做比較好，您說對吧？
的確沒錯。

語尾的措辭，改變成「您說對吧？」，對方就容易點頭同意。
多注意這類措辭，在交涉時主導決定權的機會便可大大增加。

大的影響。

想要掌握對話的決定權，順利完成談判，必須在傳達意見的同時，按部就班地協調對方和自己的意見，達成共識。

對話過程，只要能夠讓對方產生親近感，就可以說是理想的交涉。

利用「同意效應」的心理技巧，就有可能達到目的。方法很簡單，在想要取得對方同意的意見最後，加上一句「您說對吧？」取得贊同即可。這麼一來，對方沒有反駁的空隙，順利引導對方同意你的意見。

如果是朋友或異性伴侶，可以使用「沒錯吧？」、「不是嗎？」等，因應不同場合及對象，稍微改變一下語氣，達到雙方溝通順暢的目的。

實踐 心理學可使用的情境

參加企畫會議的A。B和C都認為自己的提案最好，一點都不願意讓步，A應該如何讓自己的提案通過呢？

B

我的提案最符合目前的流行風潮，也能吸引媒體的注意喲！

C

這股熱潮又不一定能持續到發售時。就這一點來看，我的企畫除了能符合現在的流行，也能持續到下一波的流行商品。

B

要是預測失準不就一場空了嗎？

A

別吵別吵…

這是我的企畫，現在熱賣商品的改良版應該是最好的，不是嗎？

B

嗯…也許吧。

C

或…或許吧。

人心並非難解的謎團哦！

漫畫 從厭世王到人氣王，巧妙收服人心的暗黑心理學

マンガ 悪用禁止！裏心理学

監　　修　齊藤勇
繪　　者　摩周子
譯　　者　卓惠娟
編　　輯　林玟萱

總 編 輯　李映慧
執 行 長　陳旭華（steve@bookrep.com.tw）

社　　長　郭重興
發 行 人　曾大福
出　　版　大牌出版／遠足文化事業股份有限公司
發　　行　遠足文化事業股份有限公司
地　　址　23141 新北市新店區民權路 108-2 號 9 樓
電　　話　+886- 2- 2218 1417
傳　　真　+886- 2- 8667 1851

封面設計　許晉維
排　　版　藍天圖物宣字社
印　　製　成陽印刷股份有限公司
法律顧問　華洋法律事務所　蘇文生律師

定　　價　390 元
一　　版　2018 年 01 月
三　　版　2023 年 01 月

電子書 E-ISBN
9786267191682 (PDF)
9786267191699 (EPUB)

國家圖書館出版品預行編目 (CIP) 資料

漫畫從厭世王到人氣王，巧妙收服人心的暗黑心理學／
齊藤勇 著；卓惠娟 譯 . -- 三版 . 新北市：大牌出版：
遠足文化事業股份有限公司發行，2023.01
324 面；14.8×21 公分
譯自：マンガ悪用禁止！裏心理学
ISBN 978-626-7191-61-3（平裝）
1. 應用心理學　2. 漫畫

177　　　　111019640